(Zeichnung von O. Gulbransson)

Warum schimpfen Sie, Herr Lizentiate,
Ueber die Unmoral in der Kemenate?
Warum erheben Sie ein solches Geheule,
Sie gnadentriefende Schöpfenkeule?

Ezechiel und Jeremiae Jünger,
Was beschmeußen Sie uns mit dem Bibeldünger?
Was gereucht Ihnen zu solchem Schmerze,
Sie evangelische Unschlittkerze?

Was wissen Sie eigentlich von der Liebe
Mit Ihrem Pastoren-Kaninchentriebe,
Sie multiplizierter Kindererzeuger,
Sie gottesseliger Bettbesteuger?

Als wie die Menschen noch glücklich waren,
Herr Lizentiate, vor vielen Jahren,
Da wohnte Frau Venus im Griechenlande
In schönen Tempeln am Meeresstrande.

Man hielt sie als Göttin in hohen Ehren
Und lauschte willig den holden Lehren.
Sie reden von einem schmutzigen Laster,
Sie jammerseliges Sündenpflaster!

Sie haben den Schmutz wohl häufig gefunden
In Ihren sündlichen Fleischesstunden
Bei Ihrem christlichen Eheweibchen?
In Frau Pastorens Flanellenleibchen?

Peter Schlemihl

Otto Gritschneder
Angeklagter Ludwig Thoma
Unveröffentlichte Akten

Ein Band der Reihe
»Rosenheimer Raritäten«

rosenheimer raritäten

Otto Gritschneder

ANGEKLAGTER LUDWIG THOMA

Unveröffentlichte Akten

rosenheimer

 ISBN 3-475-52227-6
Das Buch erscheint in der Reihe »Rosenheimer Raritäten« im Rosenheimer Verlagshaus Alfred Förg GmbH & Co., Rosenheim. Gedruckt wurde es in der Buchdruckerei Georg Wagner, Nördlingen, und gebunden in der Verlagsbuchbinderei Hans Klotz, Augsburg. Den Umschlag gestaltete Ulrich Eichberger, München. Die Vorlagen für die Abbildungen stellten folgende Institutionen und Leihgeber zur Verfügung, denen wir herzlich danken: Zentrales Staatsarchiv, Potsdam (S. 95), Archiv der Evangelischen Kirche der Union, Berlin (S. 64, 67 ff.), Bayer. Staatsministerium der Justiz, München (S. 110 f.), Stadt München bzw. Stadtbibliothek München, Monacensia-Abteilung (Vorsätze, S. 16, 38, 40, 108, 120), Dr. Wolfgang Bohn, München (S. 39), Dr. Wolfgang Haußmann, Stuttgart (S. 37, 44), Privatbesitz (S. 121).

Inhalt

Ein Wort voraus 7

Vorgeschichte 10

Die Konferenz der deutschen Sittlichkeitsvereine 1904 in Köln 10
Ludwig Thomas Gedicht »An die Sittlichkeitsprediger in Köln am Rheine« 14

Das staatsanwaltschaftliche Ermittlungsverfahren 17

Strafanträge wegen Beleidigung und Strafanzeige wegen Gotteslästerung 17
Publizistische Kritik 21
Ludwig Thoma antwortet 23
Die Anklageschrift 28

Der Strafprozeß gegen Ludwig Thoma 36

Conrad Haußmann verteidigt Ludwig Thoma 36
Das Urteil des Stuttgarter Landesgerichts 61
Das Revisionsverfahren vor dem Reichsgericht 85
Anhang: Führte Ludwig Thoma seinen Doktortitel zu Unrecht? 105

Die Vollstreckung des Urteils 113

Ludwig Thoma in Stadelheim 113
Schöpferische Haft: die »Moral« 128

Daten zu Ludwig Thomas Lebenslauf 131

Ludwig Thomas Vorfahren 137

Bücher und Aufsätze über Ludwig Thoma 141

Anmerkungen 144

Personen- und Sachregister 162

Ein Wort voraus

Ludwig Thoma lebt in unserer Vorstellung als *der* Repräsentant neuerer bayerischer Dichtung. Niemand bestreitet ihm den ersten Rang als dem Autor der echtesten, in Tragik und Verhängnis getauchten Bauernromane. Seine farbigen und zuweilen recht deftigen Gedichte über Politik und Alltag des Königreichs Bayern um die Jahrhundertwende gehören sozusagen zur bayerischen Allgemeinbildung, mehr noch die innigen Verse der Heiligen Nacht. Als Verfasser von Tragödien und Komödien voll rustikaler Kraft und antiklerikalem Saft hat er dem künstlerisch begabten und traditionsstolzen, untergründig immer noch ein wenig paganen Volk am Fuß der Alpen aus tiefster Seele gesprochen. Klang und Rhythmus seines Namens passen zu der weichen Schönheit unserer wald- und seenreichen Voralpenlandschaft.

Dem Verstand freilich stellen sich noch eine Menge Fragen. Den wirklichen Ludwig Thoma kennt man nämlich kaum. Man kann ihn gar nicht kennen, denn es hat ja noch niemand eine quellenkritische Biographie über den Lieblingsdichter der Bayern geschrieben. Die „Gesammelten Werke", die Albert Langen 1922 in sieben Bänden herausgebracht und der Piper-Verlag 1945 auf acht Bände aufgestockt hat, bieten nur das Gängige und Greifbare aus Ludwig Thomas Dichtung. Kritische Textausgaben gibt es überhaupt nicht. Und vor allem fehlt eine auch nur annähernd vollständige Sammlung der Briefe von und an Ludwig Thoma und von Dokumenten über ihn. Die vielen und durchweg aufschlußreichen Darstellungen zu Einzelfragen – im Anhang habe ich die wichtigsten zusammengestellt – können eine Gesamtdokumentation nicht ersetzen, und ohne diese gibt es keine überzeugende Gesamtwürdigung des Menschen Ludwig Thoma und seines Werkes.

Das liegt nicht etwa daran, daß die Erben mit dem einen oder anderen Brief nicht herausrücken oder die zünftigen Literaturhistoriker zu bequem wären, die (freilich recht umfangreichen) Archivbestände, vor allem die in München und Stuttgart, durchzuwühlen. Die Sache ist vielmehr so, daß sich einfach noch niemand gefunden hat, der die verschlungenen und vielfach rätselhaften Wege und Umwege Ludwig Thomas darstellen wollte und erklären konnte, die vom königstreuen antisemitischen Gerichtsreferendar und jungen Anwalt in Dachau und München über den staats- und gesellschaftsallergischen linksliberalen Redakteur des »Simplicissimus« zum frontsüchtigen Patrioten des Ersten Weltkrieges und endlich zum Lieferanten der Schimpftiraden gegen Juden und »Saupreußen« im Miesbacher Anzeiger führen. Dazu wäre wohl, da Leben und Werk eines Dichters ja immer zusammen als eine Art kommunizierendes Röhrensystem gesehen werden sollten, auch nötig, die familiären Verhältnisse Thomas näher zu beleuchten; man denke nur an die überraschende Hilflosigkeit Ludwig Thomas im Umgang mit Frauen, besonders mit der ihm einige Jahre lang angetraut gewesenen Halbphilippinerin Marion, und an seine Altersgeliebte Maidi von Liebermann. Weiter müßte man wohl auch einmal die Frage stellen, ob Ludwig Thoma irgendwo ernstlich religiösen und philosophischen Problemen nachgegangen ist, denen sich doch jeder echte Künstler und Dichter irgendwann und immer wieder einmal zu stellen hat.

Einen Mosaikstein für das also erst noch zu erarbeitende Bild des ganzen Ludwig Thoma hat mir der Zufall in die Hand gespielt: Das Urteil des Königlich Württembergischen Landgerichts zu Stuttgart vom 26. Juni 1905, in dem Thoma zu jenen sechs Wochen Gefängnis verurteilt wird, die er dann im Jahre darauf so spektakulär und freilich auch so literarisch ergiebig in Stadelheim abgesessen hat. Nachdem ich schon einmal dahintergekommen war, bin ich nolens volens auch noch den Begleitumständen, der Vorgeschichte und den Folgen dieses Strafprozesses ein wenig nachgegangen. Dabei machte ich nebenbei eine weitere überraschende Entdeckung: Ludwig Thoma, der sich selbst und den alle Welt unangefochten »Dr. Ludwig Thoma« nennt, hat nie ein Doktor-Diplom ausgehändigt bekommen. Den Doktor-Titel hat er rechtens erworben, aber die Dissertation hat er nicht ganz fertig gemacht und nie abgeliefert. Vorher darf man sich bekanntlich nicht »Dr.« nennen.

Das Rosenheimer Verlagshaus hat mich davon überzeugt, daß meine Ausgrabungen nicht in der Schublade bleiben sollen. Wem ich sonst noch für das Zustandekommen dieses Büchleins zu danken habe, vor allem für die oft recht mühsame Beschaffung der Urkunden, werde ich an jeweils passender Stelle sagen. Vorweg und ganz besonders danke ich Herrn Richard Lemp, Leiter der Handschriftenabteilung der Stadtbibliothek München und Verwalter des Luwig-Thoma-Nachlasses.

Nun soll aber gleich mit der Darstellung der so lange unbekannt gebliebenen Dokumente begonnen werden. Sie zeigen einen anderen Ludwig Thoma als den pfeifenrauchenden Heimatdichter in der Lederhose, der viel auf die Jagd geht und dazwischen auf der Tuften an seinen Manuskripten feilt. Mancher wird mir ein bißchen böse sein, wenn er den Liebling seiner Phantasie heruntergeholt sieht auf den Boden bisher weithin unbekannter, nüchterner und ernüchternder Tatsachen. Ich kann es nicht ändern, die Tatsachen sind nun einmal so.

München, im Frühjahr 1978

Vorgeschichte

Die Konferenz der deutschen Sittlichkeitsvereine 1904 in Köln

Anlaß und Grundthema des folgenden Strafprozesses ist das Gedicht »An die Sittlichkeitsprediger in Köln am Rheine«, das Ludwig Thoma unter dem Pseudonym »Peter Schlemihl« am 25. Oktober 1904 in dem antiwilhelminischen Kampf- und Spottblatt »Simplicissimus« veröffentlichte.

Um einigermaßen verstehen zu können, wie Thoma ein so grobschlächtiges Gedicht verfassen konnte, müssen wir uns an das erinnern, was vorangegangen ist. Vorangegangen sind die groß aufgezogene und in der Presse viel beachtete, dabei freilich meist recht abfällig kritisierte »XVI. Allgemeine Konferenz der deutschen Sittlichkeitsvereine vom 2. bis 4. Oktober 1904 in Köln« und der im Anschluß daran im evangelischen Vereinshaus in der Rheingasse am 5. und 6. Oktober abgehaltene »Internationale Kongreß gegen die unsittliche Literatur«.

Die an sich durchaus fördernswerten Bemühungen um Ordnung in Ehe und Familie haben dort einen so moralinsauren und unechten, um nicht zu sagen unaufrichtigen Ausdruck gefunden, daß ein Zeitkritiker wie Thoma, dessen ausgeprägteste Charaktereigenschaften nicht gerade Geduld und Toleranz waren, leicht über die Stränge schlug. Er vergaß alle Kategorien der Contenance und des guten Geschmacks, die Emotionen gingen mit ihm durch.

Schon die noch vorhandenen, repräsentativ gedruckten Einladungsschreiben zu diesen Kölner Veranstaltungen lassen Schlimmes ahnen:

»Sonntagabend: Einleitungsansprache der Lizentiaten Weber und Philipps über ›Fleisch und Geist‹ – Montag: einfaches Mittagessen. Vortrag: ›Der Einfluß der verschiedenen Weltanschauungen unserer Zeit auf die öffentliche Sittlichkeit‹ – Dienstag: ›Alkoholismus und Unsittlichkeit‹, ›Die Beschäftigung der Kinder bei öffentlichen Aufführungen‹, ›Die studentische Sittlichkeitsbewegung‹, ›Das Treiben und die Gefahr der Homosexuellen‹.«

Die Namen der Einladenden beanspruchen eine ganze Seite: Konsistorialpräsidenten, Generalsuperintendanten, Pröbste, Generale, Oberlehrer, Studienräte usw.

Noch anspruchsvoller firmierte der anschließende »Internationale Kongreß gegen die unsittliche Literatur«:

»Seine Exzellenz der Herr Reichskanzler bringt nach einem Schreiben an uns ›der Frage der Unterdrückung unsittlicher Preßerzeugnisse, der zu seiner Befriedigung in jüngster Zeit allgemein erhöhte Bedeutung beigelegt worden sei, volles Interesse entgegen und wird auch den Verhandlungen des Kongresses besondere Aufmerksamkeit zuwenden‹. Der preußische Herr Justizminister wird einen Vertreter entsenden, und der Herr Oberpräsident der Rheinprovinz wird, ›sofern seine Dienstgeschäfte es gestatten, der Einladung persönlich entsprechen‹ ... Wir hoffen auf einen glücklichen und gesegneten Verlauf der Tagung.«

Die Themenliste kündigt Vorträge wie »Die Gesetzgebung in den verschiedenen Ländern« oder »Die Pflicht des Buchhandels« an, sodann folgen etwa 200 Namen der Vertreter der Schweiz, Italiens, Frankreichs, Englands, Schwedens, Norwegens und Dänemarks. Für den einladenden Ortsausschuß zeichnen der Kölner Oberbürgermeister Becker und Polizeipräsident Weegmann.

Die Protokolle dieser Konferenzen – sie bringen die wichtigsten Referate im Wortlaut – sind noch vorhanden[1]. Darnach sagte etwa ein Professor Dr. Wurster, Direktor des Predigerseminars in Friedberg (Hessen), in seiner Einleitungspredigt:

»Gottes Segen über jeden, er sei Christ oder Jude, katholisch oder evangelisch, er tue es vom Standpunkt des Arztes oder des Volkswirtschaftlers oder des Lehrers oder Politikers oder des Geistlichen oder des ehrlichen Volksfreundes überhaupt – Gottes Segen über jeden, der dazu mithilft, daß die böse Wunde der Unsittlichkeit nicht schlimmer wird, sondern ausgeschnitten wird und heilt . . .

Wir sind über den toten Punkt des Gehenlassens, über die Vogel-Strauß-Politik des Vermunkelns und Nicht-Sehen-Wollens hinaus. Wie schwer ist es, klar zu sehen, wo die verborgenen Sumpfstätten sind, in denen die Nachtschatten und Taumelkräuter der Unzucht wachsen! Dank den Männern der Wissenschaft, welche den Mut gehabt haben, es als Lüge zu brandmarken, wovon man so lang und oft gehört hat, daß es zum Bedürfnis einer gesunden Jugend gehöre, dieser Sünde den Tribut zu leisten. Dank den Schriftstellern, welche das ekle Gewürm falscher Dirnenkunst mit dem ehrlichen deutschen Namen genannt haben! . . .

Innerlich geschieden von dem Schlechten, aber nicht pharisäisch und splitterrichterisch, aufgeschlossen für alles Schöne in der Menschengestalt und in der Kunst, aber mit reinem Blick, das Auge offen für alle Macht der Finsternis um uns her, aber nicht um zu verdammen, sondern um zu bessern, so lasset uns durchs Leben gehen! . . .

Gott geb's. Amen!«

Taktvollerweise nahm ein anderer Redner ausgerechnet den Kölner Karneval zum Thema seiner Lamentation. Das Protokoll berichtet darüber:

»Der Karneval war schon wiederholt Gegenstand der

Verhandlungen der Konferenz. Es war eine Pflicht unseres Mutes und unserer Überzeugung, dies Thema gerade in Köln, der ureigensten Stätte des Karnevals nicht zu umgehen ... Wenn die Behandlung dieser Frage auch gerade keine höfliche Verneigung gegen die gastgebende Stadt sei, so solle sie doch auch keine Beleidigung für Köln sein. Die Karnevalsfrage sei eine Teilfrage der Aufgabe der christlichen Kirche, die Volksfeste überhaupt wieder gesitteter und auch volkstümlicher zu gestalten. Um dieser Gewissenspflicht willen legten wir aber auch gegen den Karneval in seiner jetzigen Verfassung Einspruch ein.«

Dieses Karnevalthema führte im übrigen sogar zu einer einstimmig angenommenen Resolution:

»Die Konferenz bedauert aufs tiefste, daß die Anregung bei höchsten und maßgebenden Persönlichkeiten, dem schändlichen Treiben durch ihre Beteiligung am Karneval fernerhin nicht mehr die unverdiente Weihe zu geben, wirkungslos verhallt zu sein scheint.«

Darauf erschien allerdings in der »Kölnischen Zeitung« vom 6. Oktober 1904 von »leitender Stelle des Kölner Karnevals« ein offener Brief, in dem es hieß:

»Wenn Herr Pfarrer Hötzel sich der Mühe unterziehen wollte, einen Einblick in die Archive der leitenden Gesellschaften zu nehmen, so würde er in den stenografisch festgehaltenen Reden jener Herren – Oberpräsident, Regierungs- und Polizeipräsidenten, Oberbürgermeister, Oberpostdirektoren, weiter Gouverneure, Generale und sonstigen hoch- und höchstgestellte Personen – finden, mit welcher Hochachtung jene Herren, die sich persönlich von dem sittenreichen Karneval, den wir in Köln zu feiern verstehen, überzeugten, von unserm Feste sprachen. Würde andauernd von Jahr zu Jahr die Anteilnahme hoher und höchster Fürstlichkeiten an unserm Feste zu verzeichnen sein, wenn auch nur ein einziges Mal dieses Fest sich jener Auszeichnung nicht würdig und wert erwiesen hätte?«

Weitere besonders typische Zitate aus jenen Veranstaltungen werden wir in der Hauptverhandlung gegen Ludwig Thoma und im Urteil finden.

Ludwig Thomas Gedicht »An die Sittlichkeitsprediger in Köln am Rheine«

Wie Ludwig Thoma über diese Konferenzen orientiert wurde, wissen wir nicht. Persönlich nahm er daran wohl nicht teil, vielmehr werden die heftigen Pressefehden Grundlage seines Wutausbruches gewesen sein. Außerdem weisen ja die schon erwähnten Einladungsschreiben bereits deutlich genug auf die wichtigsten Sittlichkeitsreferate hin.

Thoma war seit März 1900 Redaktionsmitglied des vier Jahre vorher gegründeten »Simplicissimus«. Er veröffentlichte dort zeitkritische Geschichten und Gedichte und war bald einer der wichtigsten und auch für die Auflage geradezu unentbehrlichen Mitarbeiter geworden. Als solcher nahm er auch zu jenen Kölner Kongressen mit folgendem Gedicht Stellung, zu dem Olaf Gulbransson[2] die Karikatur lieferte:

An die Sittlichkeitsprediger in Köln am Rheine

Warum schimpfen Sie, Herr Lizentiate[3a],
Ueber die Unmoral in der Kemenate?
Warum erheben Sie ein solches Geheule,
Sie gnadentriefende Schöpsenkeule[3b]?

Ezechiel und Jeremiae Jünger,
Was beschmeußen Sie uns mit dem Bibeldünger?
Was gereucht Ihnen zu solchem Schmerze,
Sie evangelische Unschlittkerze?

Was wissen Sie eigentlich von der Liebe
Mit Ihrem Pastoren-Kaninchentriebe,
Sie multiplizierter Kindererzeuger,
Sie gottesseliger Bettbesteuger?

Als wie die Menschen noch glücklich waren,
Herr Lizentiate, vor vielen Jahren,
Da wohnte Frau Venus im Griechenlande
In schönen Tempeln am Meeresstrande.

Man hielt sie als Göttin in hohen Ehren
Und lauschte willig den holden Lehren.
Sie reden von einem schmutzigen Laster,
Sie jammerseliges Sündenpflaster!

Sie haben den Schmutz wohl häufig gefunden
In Ihren sündlichen Fleischesstunden
Bei Ihrem christlichen Eheweibchen?
In Frau Pastorens Flanellenleibchen?

Peter Schlemihl

Wer Ludwig Thoma als Dichter kennt, wird von diesem Gedicht überrascht sein. Denn ein größerer Gegensatz als der zwischen den innigen Versen der »Heiligen Nacht« und den Strophen jenes Pamphlets scheint kaum denkbar. Man glaubt nicht ohne weiteres, daß vom Autor jener Weihnachtslegende auch jenes ruppige Machwerk stammen soll.

Von der Frage, wo Thoma die Berechtigung hernimmt, über die Kölner Kongreßteilnehmer herzufallen, soll hier nicht weiter geredet werden. Aber wer ein bißchen auf Liberalität und Meinungsfreiheit hält, wird solche Kongresse auch dann dulden, wenn ihm Ton und Stil dieser Veranstaltungen nicht durchweg gefallen. Die Freiheit, die die »Simplicissimus«-Leute für ihre Auffassungen und Kreationen verlangten, hätten sie eigentlich auch der anderen Seite zugestehen müssen.

Gulbransson hatte mit dieser Karikatur zu Thomas Gedicht Glück: der Oberkirchenrat hatte versäumt, auch gegen ihn Strafantrag zu stellen

Das staatsanwaltschaftliche Ermittlungsverfahren

Strafanträge wegen Beleidigung und Strafanzeige wegen Gotteslästerung

Schon wenige Tage nach dem Erscheinen des Gedichtes rührten sich die evangelischen Kirchenbehörden. Das Königliche Consistorium der Rheinprovinz schreibt aus Coblenz am 21. November 1904 an den Evangelischen Ober-Kirchenrat in Berlin:

»In der Anlage beehren wir uns, dem Evangelischen Ober-Kirchenrat eine Eingabe des Presbyteriums der evangelischen Gemeinde Cöln vom 14. dieses Monats in der nebenbezeichneten Angelegenheit nebst der Nummer 31 des Simplizissimus zur eventuellen weiteren Veranlassung gehorsamst zu überreichen.«

Der Evangelische Ober-Kirchenrat in Berlin erstattete nun am 15. Dezember 1904 an »den Herrn Ersten Staatsanwalt bei dem Königlich Bayerischen Landgericht München links der Isar« eine regelrechte Strafanzeige:

»Zu Cöln/Rhein hat in der Zeit vom 2. bis 4. October d. J. die XVI. Allgemeine Konferenz der deutschen Sittlichkeitsvereine und in den folgenden Tagen, am 5. und 6. October, ein Internationaler Kongreß gegen die unsittliche Literatur unter dem Vorsitz des Pfarrers der evangelischen Kirchengemeinde M. Gladbach Liz. Weber stattgefunden. Die Programme beider Veranstaltungen sowie einige Zeitungsausschnitte über die gepflogenen Verhandlungen fügen wir aus unseren Akten mit Bitte um Rückgabe bei. Mit Bezug auf die Verhandlungen ist in der ... Nummer 31 der in München erscheinenden illustrierten Wochenschrift Simplicissimus vom 25. October d. J. ein Gedicht mit der Überschrift ›An die Sittlichkeitsprediger in Köln am Rheine‹ veröffentlicht worden. Dieses Gedicht enthält u. E. sowohl grobe Beleidigungen des genannten Vorsitzenden und der evangelischen Geistlichen der preußischen Landeskirche überhaupt als eine öffentliche Beschimpfung der Bibel (§§ 185, 166 des Reichsstrafgesetzbuchs).

Die Religionsdiener unserer Landeskirche sind durch ihr Amt zur Förderung aller auf die Hebung der Sittlichkeit und Abwehr der Unsittlichkeit zielenden Bestrebungen in besonderem Grade berufen, auch die hervorragende Teilnahme des Pfarrers Liz. Weber an dem Kongreß steht daher in nächster Beziehung zu den von ihm als Pfarrer wahrzunehmenden Berufspflichten. Aus dem Zusammenhang zwischen den Kongreßverhandlungen und der Wahrnehmung von Berufspflichten durch die evangelischen Geistlichen entnimmt das Gedicht denn auch den Anlaß zu seinen groben Beleidigungen.

Auf Grund des § 196 des Reichsstrafgesetzbuchs stellen wir als amtliche Vorgesetzte des Pfarrers Liz. Weber zu M. Gladbach wie der unserer Landeskirche angehörigen evangelischen Geistlichen hiermit den Antrag auf nachdrückliche Bestrafung gegen den Verfasser des Gedichts und gegen den verantwortlichen Redakteur der genannten Wochenschrift.«

*

Gegen Olaf Gulbransson, der die zu jenem Gedicht so ausgezeichnet passende Karikatur geliefert hatte, erstattete man keine Anzeige. Man dachte offenbar nicht daran, daß mit jener Zeichnung Mittäterschaft, auf jeden Fall aber Beihilfe zu dem Vergehen der Beleidigung der Geistlichen gegeben war. Im Falle eines Strafantrags wäre Gulbransson sicher auch verurteilt worden, wie die Urteilsbegründung (IV Abs. 3) im Thoma-Prozeß recht deutlich erkennen läßt: »... durch das ganze Gedicht, einschließlich des darübergestellten Bildes, zieht sich der eine Beleidigung ... enthaltende Vorwurf ...« Außerdem bestätigt das Reichsgericht (am Schluß von I, 4 seiner Urteilsbegründung), daß das Bild zur Beleidigung beitrage und Thoma, weil er davon gewußt habe, auch dafür einzustehen habe.

Wenn man Gulbransson bei der Strafantragstellung sozusagen einfach übersehen hat, zeigt das nur, daß die Kreise, auf die der »Simplicissimus« mit seinen ätzenden Publikationen zielte, gar nicht merkten, wie sehr die Hauptwirkung und Hauptgefahr gar nicht von den oft recht faden und albernen Texten dieses Blattes ausgingen, sondern von den schlechthin genialen Zeichnungen. Diese künstlerisch exzellenten und in ihrer Wirkung daher besonders brisanten Karikaturen waren es, die mit ihrem Trick der Verallgemeinerung und der jahrzehntelangen Wiederholung bei den unkritischen und mit wirklicher Bildung keineswegs übersättigten breiten Spießermassen jene Vorstellungen über Bild und Wesen des Staatsdieners, des Pfarrers, des Offiziers, des Akademikers, des »Neureichen«, des »Junkers« (und der dazugehörigen »Damen«) entwickelten, die dann eine Mitursache der gesellschaftlichen und politischen Katastrophen wurden, die 1914 begannen und ihre volle Wucht dann 1933 und 1939 gewannen; sie wirken aber auch heute noch fort, obwohl der »Simplicissimus« schon 1944 ein unrühmliches Ende gefunden hat.

*

Nach diesem kleinen Exkurs wieder zurück zum Antragsschreiben des Kirchenrates, das hinsichtlich des zweiten Anklagepunkts meint:

»Die öffentliche Beschimpfung der Bibel im zweiten Verse des Gedichts stellt sich ebenfalls sowohl an sich, wie in dem Zusammenhange des Gedichtes, wodurch der Gebrauch von Bibelworten seitens eines Pfarrers der evangelischen Kirche, der zur Anwendung von Bibelworten kirchlich berufen ist, in beschimpfender Weise charakterisiert wird, als öffentliche Beschimpfung einer Einrichtung unserer evangelischen Kirche dar.

Ew. Hochwohlgeboren beehren wir uns ergebenst zu ersuchen, wegen der gebührenden Bestrafung der Schuldigen das Geeignete veranlassen und uns seinerzeit darüber gefällige Mitteilung zugehen lassen zu wollen ...«

Eine Kopie schickte der Evangelische Ober-Kirchenrat an das Königlich Bayerische protestantische Ober-Consistorium in München »zur Kenntnisnahme und mit dem Anheimstellen, über einen etwaigen Beitritt zu unserem Strafantrag sehr gefällig zu befinden«. Letzteres geschah auch tatsächlich am 23. Dezember 1904, wie es die Anklageschrift (Ziff. 1) vermerkt.

An den Pfarrer Lizentiat Weber in München-Gladbach schrieb der Evangelische Ober-Kirchenrat, er möchte auch seinerseits »den Strafantrag durch eine dem genannten Herrn Ersten Staatsanwalt gefällig alsbald direkt einzureichende persönliche Erklärung ausdrücklich stellen«. Pfarrer Weber hat aber – so im Urteil (II vorl. Abs.) nachzulesen – darauf verzichtet.

Bereits zwei Tage später, am 17. Dezember 1904, antwortete der Staatsanwalt aus München. Er hatte, was Behörden ja immer schon genau geprüft haben, die Zuständigkeitsfrage unter die Lupe genommen und entdeckt, daß er gar nicht zuständig war. So beehrt er sich »mitzuteilen, daß (er) die übermittelten Produkte an die

Staatsanwaltschaft am Landgericht Stuttgart als die zur Verfolgung zuständige Behörde abgegeben (hat).« In der Tat erschien der »Simplicissimus« damals in Stuttgart (»Druck und Expedition von Strecker & Schröder in Stuttgart«), weil man sich dort ein besonders liberales Klima versprach.

Der Ober-Kirchenrat in Berlin versuchte, noch weitere Kirchenbehörden zur Stellung von Strafanträgen zu veranlassen. Ausgerechnet das Konsistorium in Stuttgart lehnte aber mit Schreiben vom 10. Januar 1905 ab.

»Indem wir für die gefällige Mitteilung ... ergebenst danken, beehren wir uns zu erwidern, daß wir nach Erwägung der Angelegenheit vorziehen, dem Strafantrag nicht ebenfalls noch beizutreten, zumal wir das Material in der Sache nicht zur Hand haben.«

Publizistische Kritik

Aber nicht nur von kirchlichen Kreisen mußte Ludwig Thoma wegen seines Gedichtes herbe Kritik und deutliche Ablehnung erfahren. »Der Kunstwart«, die angesehene Halbmonatsschau über Dichtung, Theater, Musik, bildende und angewandte Kunst, brachte im ersten Dezemberheft 1904 unter der Überschrift »Simplizissimussisches« einen Verriß, der aus der Feder des Herausgebers Ferdinand Avenarius höchst persönlich geflossen war:

Simplizissimussisches

»An die Sittlichkeitsprediger in Köln am Rhein« hat »Peter Schlemihl« im »Simplizissimus« ein Poem gerichtet, das also anhebt: »Warum schimpfen Sie, Herr Lizentiate,/ Ueber die Unmoral in der Kemenate?/ Warum erheben Sie ein solches Geheule,/ Sie gnadentriefende Schöpsenkeule?« Fort singt es in gleichgestimmten Akkorden, und das Finale tönt folgendermaßen: »*Sie* reden von einem schmutzigen Laster,/ Sie jammerseliges Sündenpflaster!/ Sie haben den Schmutz wohl häufig gefunden/ In Ihren sündlichen Fleischesstunden/ Bei Ihrem christlichen Eheweibchen,/ In Frau Pastorens Flanellenleibchen?«

Kein Mensch konnte von »Schlemihl« und denen um ihn verlangen, daß ihnen der Kölnische Kongreß *kein* Greuel sei, es war ganz in der Ordnung, daß sie gegen ihn auftraten so kräftig sie's nur konnten. Aber *das* war ja gar nicht kräftig, es war bloß ungeschlacht und, mit Verlaub zu sagen, es war etwas sehr, es war genau ebenso »unintelligent«, wie das Schelten gewisser Simplizissimus-Gegner auf diese Leute als auf eine Rotte von Verkommenen. Sollten wir nicht auch in der Satire dahin streben, daß wir die Meinungen des Gegners *verstehen,* ehe wir sie verspotten? Einfach, damit wir sicher sind, auch was Festes in der Hand zu haben, wenn wir prügeln, nicht bloß einen leeren Rock! Da es bei allem Menschlichen menschelt, ginge uns der Stoff dabei noch lange nicht aus, die Satire aber würde auch auf gescheite Köpfe wirksamer. Auch die Sittlichkeitsfürkämpfer hätten zu solcher Satire ja Stoff gegeben. Was läßt sich leichter komisch übertreiben als die Gegnerschaft gegen alles Nackte? Was lustiger verspotten, als die unaufhörliche Sorge, die eigne Tugend werde von mangelhaft Bekleidetem gefährdet? Statt dessen immer wieder der Vorwurf der Heuchelei, der doch schon so abgedroschen ist, daß er nicht dem kleinsten Küken mehr Korn genug läßt! Und bei dem »Simplizissimus«, dem so geistreiche Leute angehören, als Sprachform einfach ein Schimpfen! Wer schimpft, der Gründe hat? Sonderbar, daß man gar nicht merkte, wie man dem gewiß nicht unanfechtbaren Kongresse durch Aufnahme *dieser* Leistung das Kompliment machte: wir wissen eigentlich nichts Sachliches gegen euch zu sagen.

So Avenarius, der interessanterweise selbst als Mitglied des Kölner Sittlichkeits-Vereins-Ortsausschusses die Einladung zu »jenem gewiß nicht unanfechtbaren Kongresse« mitunterzeichnet hat.

Ludwig Thoma antwortet

Ludwig Thoma, wie viele Kritiker gegen Kritik selber recht empfindlich, antwortete einen Monat später im ersten Januarheft 1905 derselben Zeitschrift. Er gebraucht dabei unerwartet sozialkritische, ja geradezu klassenkämpferische Töne. Wir lernen hier einen anderen Thoma kennen, nämlich den frühen Thoma aus der Zeit vor dem Ersten Weltkrieg, der mit dem ab 1914 ziemlich nationalistischen Thoma nichts gemein hat:

Noch einmal »Simplizissimussisches«

Auf unsre Bemerkungen hin (Kw. XVIII, 5) bittet uns Ludwig Thoma um Abdruck der folgenden Erwiderung gegen unsre Beurteilung seines Peter-Schlemihl-Gedichtes:

Ich will Ihnen sagen, warum ich grob war gegen die Sittlichkeitsprediger in Köln am Rhein.

Weil es keine Höflichkeit gibt gegen einen unehrlichen Gegner.

Die Sache ist viel zu ernst, als daß man lustig darüber spotten könnte. Wäre es »die Gegnerschaft gegen alles Nackte«, wie Sie sagen, oder »die Sorge für die eigene Tugend«, und ginge dies alles von einigen Ueberängstlichen aus, dann könnte man – gutmütig und mitleidig darüber lachen.

Vielleicht auch Vergleiche anstellen, wie viel roher,

unkünstlerischer sich der deutsche Reichtum geberdet, als der Luxus anderer Zeiten und Länder.

Aber Sie selbst sagen doch, man soll den Gegner zu verstehen suchen. Und ich meine, diese ständig wiederholten Versuche einiger Klassen, ihre Begriffe von Sittlichkeit in das Strafgesetzbuch hineinzubringen, sind keineswegs die harmlosen Auswüchse lächerlicher Prüderie.

Diese Klassen wollen durch Unterdrückung der Preßfreiheit ihre Macht stützen, weil sie im offenen Kampfe, wenn Sonne und Wind gleichmäßig verteilt waren, nur schwere Niederlagen erlitten.

Welcher ernsthafte Mensch glaubt, daß die Quintessenz aller dieser Angriffe der Krieg gegen die Nuditäten ist?

Und dann, *wie* haben diese Verfechter der Sittlichkeit den Krieg geführt?

Einer stellt sich breitspurig hin und ruft: »Ich klage über mein deutsches Vaterland, daß es verhurt ist.«

Ein anderer sagt, daß die Wehrkraft des Volkes durch die anwachsende Unsittlichkeit bedroht ist.

Alle zusammen überbieten sich, vor den Vertretern des Auslandes ein verlogenes Bild unserer Zustände zu geben.

Der englische Delegierte lächelt verständnisinnig zu diesen Wehklagen. Er kennt vermutlich Whitechapel und andere Bezirke Londons, aber er ist in der glücklichen Lage, seine heimatlichen Verhältnisse als günstige zu bezeichnen. Die Scham hält ihn ab, vor fremden Ohren in diesen Klaggesang miteinzustimmen. Wer will lustig spotten über diese Deutschen, welche an den Mauern Kölns standen und klagten?

Soll man den Herrn mit scherzhafter Miene sagen, daß ihre Sorge erheuchelt, ihre Behauptung in jedem Worte unwahr ist?

Soll man ihnen zeigen, daß dieses arbeitende, ringende

Volk heute sittlicher ist, als zu irgend einer Zeit? Und daß keine Zeit unsittlicher war als die, in welcher unsere Lizentiaten sich gottseelig erbauten an der Folterung, Vergewaltigung, Verstümmelung junger Hexen?

Daß wir auch sittlicher sind als unsere Großväter, welche die lockeren Manieren der höheren Kreise belächelten und sie mit ängstlichem Schweigen duldeten?

Ja, gälte dieses Vorrecht noch, dann würden die Herren in Köln nicht wehklagen.

Damals trug der Biedermaier auf jeder Innenseite der Tabaksdosen eine allerpikanteste Nudität herum, aber kein Prediger eiferte dagegen.

Heute, wo der Arbeiter im Kampfe für die befreienden Ideen sittlichen Ernst bewahrt, schreien sie über die Unsittlichkeit.

Diese Herren fänden keinen Tadel gegen ein lüsternes Völkchen, welches über behäbigem Wohlleben auf seine Rechte vergißt, sie finden ihn nur gegen das arbeitsame Volk, welches ihre Herrschaft abschüttelt.

Das wäre nun ein Stoff für lustigen Spott. Ich zog es aber doch vor, einen Heuchler so unsanft zu beuteln, als ich vermochte.

Und ich bin mit dem Erfolge zufrieden.

Die Propheten erhoben ein Wutgeheul und ich selber hatte mir den Zorn weggeschrieben.

So weit also Ludwig Thoma. Und nun mögen unsre Leser sich selbst eine Meinung darüber bilden, ob durch seine Worte unser Angriff auf sein Simplizissimus-Gedicht abgeschlagen wird oder nicht.

*

Aber auch dem Staatsanwalt antwortete Ludwig Thoma. (Eine beglaubigte Abschrift der Erwiderung liegt im Ludwig-Thoma-Nachlaß der Stadtbibliothek München.) Er schreibt unter dem 12. Februar 1905 markig und bibelfest an die staatliche Verfolgungsbehörde:

Das Gedicht an die Sittlichkeitsprediger in Nummer 31 des 9. Jahrganges des Simplizissimus habe ich verfaßt.

Wie ich höre, will der Strafantrag in dem Worte »Bibeldünger« eine Beschimpfung der christlichen Kirche erblicken. Es ist mir nicht eingefallen, die Christliche Kirche anzugreifen.

Die Herren, welche in Köln ihre kulturfeindlichen Thorheiten vorbrachten, thun nicht recht, wenn sie sich mit dem Ansehen der Kirche decken wollen. Der Stifter der christlichen Kirche hat wortdeutlich das selbstgefällige Richten verboten: Er selbst hat nur zweimal zu der heute gewiß weniger brennenden Frage der Unsittlichkeit Stellung genommen.

Das einemal, als er die Ehebrecherin gegen die Angriffe jüdischer Konsistorialräthe schützte mit den Worten: »Wer von Euch ohne Sünde ist, werfe den ersten Stein auf sie.«

Das zweite mal, als er sich der büßenden Sünderin erbarmte mit den Worten: »Sie hat viel geliebt, darum wird ihr auch viel vergeben werden.« Vielleicht ist diese Wahrheit den klagenden Herren so wenig erinnerlich, wie andere Stellen über die Pharisäer.

Wenn ich diese angriff, hatte ich also keine Veranlassung die Bibel verächtlich zu machen, welche jene Stellen enthält. Und ich habe, was übrigens der Inhalt des Gedichtes klar genug zeigt, mit dem Worte »Bibeldünger« nicht den Inhalt der Heiligen Schrift gemeint, sondern das, was die Pharisäer aus ihr herauslesen.

Diese Entdecker fremder Unsittlichkeit meinen vielleicht, daß sie ohne Sünde sind und deshalb Steine auf ihre Nächsten werfen dürfen.

Sie leiden an Schwäche des Gedächtnisses. Nicht lange vor dem Kölnischen Kongresse wurde es bekannt, daß die strengen Leviten sich mit unterschlagenen Mündelgeldern Kirchen bauen ließen.

Zu der Behauptung, daß in dem Gedichte auch Beleidigungen enthalten seien, kann ich mich nicht äußern, solange ich nicht weiß, wer beleidigt sein soll.

Hat jener Herr Klage erhoben, der vor aller Welt sagte, ganz Deutschland sei verhurt? Oder der Andere, welcher die Unsittlichkeit Göthe's brandmarkte? Diesen Festrednern gegenüber sage ich mit dem altbayrischen Gesetzgeber Wigulaeus von Kreittmayr: »Auf eine Lüge gehört eine Maulschelle.«

Hochachtungsvollst!

Dr. Ludwig Thoma

Die Anklageschrift

Eine weitere Diskussion fand offenbar nicht mehr statt. Die Königliche Staatsanwaltschaft zu Stuttgart erhob nun bei der Strafkammer I des Königlichen Landgerichts Stuttgart regelrechte öffentliche Anklage. Die Anklageschrift vom 6. März 1905 (auch sie liegt beim Ludwig-Thoma-Nachlaß in München) lautet folgendermaßen:

Anklageschrift
(mit Voruntersuchung)

gegen
1. den am 12. Juni 1867 zu Frauenfeld in der Schweiz geborenen verheirateten Redakteur
   Julius Linnekogel
2. den am 21. Januar 1867 zu Oberammergau in Bayern geborenen ledigen Schriftsteller
   Ludwig Thoma,

beide in München wohnhaft.

Verteidiger: Rechtsanwälte
Friedrich und Conrad Haußmann,
Otto Heuel und Dr. Moos, hier.

In der nebenbezeichneten Strafsache stelle ich den
Antrag:
das Hauptverfahren vor dem K. Schwurgerichte Stuttgart zu eröffnen gegen
Linnekogel und Thoma
wegen je eines gemeinschaftlich ausgeführten Vergehens der Beleidigung und der öffentlichen Beschimpfung einer Einrichtung der christlichen Kirche mittels Presse und zwei rechtlich selbständigen Handlungen im Sinne des § 185, 196, 47, 200 RStGB, in Verbindung mit § 20 des

Reichspreßgesetzes vom 7. Mai 1874 und Artikel 12 des württembergischen Ausführungsgesetzes zum G. V. G. vom 24. Januar 1879[4];

auf Grund der Anklage:
sie haben in zwei rechtlich selbständigen Handlungen im Oktober 1904 zu Stuttgart in gemeinschaftlicher Ausführung der Tat, Linnekogel als verantwortlicher Redakteur der in Stuttgart erscheinenden illustrierten Wochenschrift Simplicissimus, Thoma als Verfasser, durch das in der No. 31 des IX. Jahrgangs dieser periodischen Druckschrift vom 25. Oktober 1904 abgedruckte Gedicht »An die Sittlichkeitsprediger in Köln am Rheine«

1. durch die Worte: »gnadentriefende Schöpsenkeule, evangelische Unschlittkerze, Pastorenkaninchentrieb, multiplizierter Kindererzeuger, gottesseliger Bettbesteuger, jammerseliges Sündenpflaster, endlich: bei ihrem christlichen Eheweibchen« die evangelischen Geistlichen, die an dem am 4. und 5. Oktober 1904 zu Köln abgehaltenen Internationalen Kongreß zur Bekämpfung der unsittlichen Literatur teilgenommen haben, namentlich die Pastoren Bohn als Referenten und Weber als Vorsitzenden vorsätzlich und rechtswidrig in Beziehung auf ihren Beruf beleidigt, weshalb hinsichtlich der preußischen und bayerischen evangelischen Geistlichkeit seitens der vorgesetzten Behörden, und zwar am 17. Dezember 1904 seitens des K. preußischen Evangelischen Oberkirchenrats und am 23. Dezember 1904 seitens des K. bayerischen protestantischen Oberkonsistoriums rechtzeitig Strafantrag gestellt worden ist;
2. durch die Worte: »Was beschmeißen Sie uns mit dem Bibeldünger« die Bibel und damit eine Einrichtung der evangelischen christlichen Kirche öffentlich beschimpft.

Beweismittel:

I. Die teilweisen Einräumungen der Angeschuldigten.
II. Die inkriminierte Nummer des Simplizissimus, Anlage 2 der Akten.
III. Die Strafanträge, Anlage 18 und Anlage 25 der Akten.

Ergebnis der stattgehabten Ermittlungen:

I. Der Angeschuldigte Linnekogel ist verantwortlicher Redakteur des »Simplicissimus«. Auch die Nummer 31 ist unter seiner Verantwortung erschienen. Er gibt dies zu, ohne jedoch eine weitere Erklärung abzugeben.
II. Der Angeschuldigte Thoma, der unter dem Pseudonym »Peter Schlemihl« für den »Simplicissimus« schreibt, bekennt sich zu dem Gedicht. Er hat zu seiner Verteidigung sich zwei Mal geäußert, zunächst auf eine Kritik im »Kunstwart«, Heft 5 im Heft 7 des 18. Jahrgangs dieser Zeitschrift, Anlage 27 d. A., ferner in einem Schriftsatz d. d. 12. Februar 1905, Anlage 35 d. A.
III. Anlaß zu dem Gedicht gab der am 4. und 5. Oktober 1904 in Köln am Rhein abgehaltene »Internationale Kongreß zur Bekämpfung der unsittlichen Literatur«. Der »Simplicissimus«, eine Zeitschrift, die eine von der in Köln vertretenen diametral entgegengesetzte Auffassung teilt, gibt in dem unter Anklage gestellten Gedicht seine Meinung über den Kongreß ab.

Im »Kunstwart« verteidigt Thoma sich gegen die von diesem vom litterarisch-ästhetischen Standpunkt aus an seinem Gedicht geübte Kritik. Er macht geltend, er sei grob geworden, weil er die Heuchelei hasse, die sich – nach seiner Meinung – auf dem Kölner Kongreß breitgemacht habe. Außerdem sei es falsch, zu behaupten, die Sittlichkeit stehe jetzt tiefer wie früher. In seinem Schriftsatz erklärt Thoma, er habe die christliche Kirche nicht angreifen wollen.

Diese Verteidigung ist nicht geeignet, die Angeschuldigten zu entlasten.

Dem Verfasser war es, wie das vorliegende, die Kongreßmitglieder aufs gröblichste beschimpfende Gedicht erkennen läßt, nicht um eine sachliche, objektive Bekämpfung und Widerlegung der in Köln vertretenen Ansichten zu thun. Da in Köln im wesentlichen Fragen behandelt wurden, die das sexuelle Gebiet berühren, so hat Thoma zunächst das eheliche Leben der Geistlichen zur Zielscheibe seines Spottes und Hohnes gewählt. Es erübrigt sich, die einzelnen Ausdrücke nochmals aufzuzählen. Nur sei erwähnt, daß das Wort »Eheweibchen« eine Bezeichnung aus dem Tierleben ist, wo man von ›Männchen‹ und ›Weibchen‹ spricht. Alle Ausdrücke dienen dazu, die Geistlichen herabzuwürdigen und lächerlich zu machen. Aber auch die amtliche Tätigkeit der Geistlichen, zu deren Pflichten es gehört, über die Sittlichkeit zu wachen und diese zu predigen, wird in der gleichen verletzenden Weise angegriffen.

Nach feststehender Praxis des Reichsgerichts ist die Bibel eine Einrichtung der christlichen Kirche[5]. In der Bezeichnung eines Citats aus der Bibel als »Bibeldünger« liegt nach dem Sprachgebrauch des Wortes »Dünger« eine verächtliche Bezeichnung und Herabwürdigung der gesamten Bibel.

Oberstaatsanwalt
gez. Unterschrift

*

Über diese Anklageschrift schreibt Thoma in einem 7seitigen undatierten Brief an seinen Verteidiger Haußmann:

»Soeben kommt N°. 3, Anklage gegen mich wegen Beleidigung der protestantischen Pfaffen. Ich soll Beweismittel angeben usw. In der Sache müssen wir nach meinem Dafürhalten mehr Radau machen. Ich stelle mich auf den Standpunkt: Das Gedicht war nur die Abwehr eines rohen Angriffs auf unser Volk. Es richtete sich gegen den und nur gegen den, welcher sagte, daß das ganze Deutschland ›verhurt‹ sei, außerdem gegen den Kerl, welcher Göthe als unsittlich erklärte. Beides ist gesagt worden. ... Fühlen sich diese beiden betroffen, sollen sie Privatklage erheben. Wie soll ich dazu kommen, den ›Stand‹ zu beleidigen; genau bezeichnet sind die Angegriffenen im Titel: gegen die Sittlichkeitsprediger in Köln. Entweder habe ich alle gemeint oder bestimmte einzelne. Wie kommt das Konsistorium dazu, aus den Angegriffenen die Geistlichen auszuwählen? Weil im Gedicht ›ein‹ Geistlicher vorgenommen ist. Aber gerade der, welcher von dem ›verhurten‹ Deutschland sprach, hat, wie ich höre, keinen Strafantrag gestellt. Und der Beleidiger Göthes ist Schweizer Professor. Ich meine also, die Legitimation zur Klage muß genau vorgenommen werden.

Betreffend des rüden Tones im Gedichte will ich – wenn Sie nichts dagegen haben – den Dr. Martin Luther zitieren und einmal zeigen, mit welchen Ausdrücken der ›teure Gottesmann‹ herumgefuhrwerkt hat. ›Ich kümmere mich um das Wort eines Fürsten so viel, als hätte ein Esel gefurzt‹ usw. Soll man nicht auch kräftig darauf hinweisen, wie hoch die Sittlichkeit von heute über der Sittlichkeit der Zeit steht, in welcher die evangelischen Pfaffen das große Wort führten? Die Verhandlung ist wohl erst spät nach dem 27.; dann können wir uns noch gründlich darüber besprechen ...«

Schon am 9. November 1904 hatte sich Thoma an Haußmann recht unwirsch über das Strafverfahren geäußert:

»... Die Sache ist jetzt so, daß 3 Damokles-Schwerte über mir hängen – 1. die Klage von Königsberg, 2. die Klage des Colportage-Buchhändlers Pape in Hamburg namens der beleidigten Festredner in Köln oder der Pastorenfrauen. Es ist noch nicht klar, für wen dieses sittenstrotzende Rindvieh die Strafprozeßordnung verletzt. 3. die Anklage (richtig: »Ermittlung«, d. V.) des Stuttgarter Staatsanwaltes wegen – Vergehen wider die Religion, begangen durch das Wort ›Bibeldünger‹ in meinem Gedichte an die Sittlichkeitsredner. Bong! ...

Linnekogel wurde am hiesigen Amtsgericht II kommissarisch (Montag 7.) vernommen und hat auf den Rath Bernsteins jede Aussage verweigert, auch über den Autor, obwohl Schlemihl unterschrieben ist. Sollte ich vorgeladen werden, so räth mir Bernstein dasselbe. Er meint, Erklärungen kann ich immer noch auf die Anklageschrift geben. Ich möchte aber Ihre Meinung darüber hören, weil ich Sie, wie natürlich, um Ihre Vertretung ersuche. ... Was das Religionsvergehen anlangt, so ist doch fadenklar, daß ich mit Bibeldünger nicht den Inhalt der Bibel, sondern das, was diese Sittlichkeitsapostel herauslesen, meinte. Ich griff doch gerade die dumme engherzige und verlogene Moral dieser Menschen an. Die Bibel selbst ist nichts weniger als ein prüdes Buch; sie ist sehr unmoralisch im Kölner Kongreßsinne.

Der Coitus, die Onanie etc. sind im Buch der Bücher mit orientalischer Gründlichkeit behandelt, und das hohe Lied scheint mir auch nicht einig zu gehen mit hodenlosen Pastoribus ...«

Die Vorbereitung des Prozesses selbst trifft Ludwig Thoma einmal im Zustand echter oder vorgespielter »Wurschtigkeit«, ein anderes Mal im Zustand von Überlegungen, wie man die Sache am besten überstehen könne. Am 17. April 1905 schreibt er an seinen Verteidiger Haußmann:

»Die Herren in Stuttgart werden hoffentlich sehr bald entscheiden, ob der Termin verschoben wird. Denn die Verhandlung muß ich im größeren Stile vorbereiten und Sachverständige, Schriftsteller usw. laden. Wehrlos werden mich die Herrschaften nicht finden; kommt Freiheitsstrafe heraus, so will ich gegen die Mucker einen Feldzug eröffnen.

Ich will sie ganz greulich machen, sie schänden und ein Scheusal aus ihnen machen, wie der Prophet Nahum sagt. Ich will sie Wunder sehen lassen, als wie zur Zeit, da sie aus Egypten zogen, denn ich gedenke Böses über dieses Geschlecht, um mit dem Propheten Micha zu sprechen.

Diese dummen Luder, welche eine frische Derbheit mit den Bütteln verfolgen, sollen sehen, daß man viel giftiger sein kann ohne faßbare Beleidigung. Das alles werden wir erleben. Hätte ich nicht so viel Zeit für meine wirkliche Schriftstellerei zu verwenden, so würden die Gläubigen ohnehin Merkwürdiges erleben. Aber ich kann das alles nur so nebenbei machen; dagegen würde zum Beispiel die Muße eines Gefängnisses oder einer Festung Giftblüthen sehr zuträglich sein.

Ich sehe der Sache mit absoluter Wurschtigkeit entgegen. Nach dem 15. Oktober, wenn der letzte Hirsch geschrien hat, ist es mir gleich, ob ich in meiner Wohnung oder in Asperg gefangen sitze . . .«

Inzwischen gedieh das Verfahren beim Landgericht. Was die Beschimpfung der Bibel betraf, folgte das Gericht der Verteidigungsschrift Thomas und hat das Verfahren zu diesem Punkt gar nicht eröffnet. Am 24. März 1905 erließ die I. Strafkammer des Landgerichts Stuttgart einen Beschluß, wonach Thoma und Linnekogel bezüglich »eines Vergehens gegen die Religion mangelnden

Beweises halber« außer Verfolgung gesetzt werden. Welche Beweise das Gericht hier vermißte, konnte ich nicht in Erfahrung bringen, da der Beschluß weder im Original noch in einer Abschrift heute noch vorhanden zu sein scheint. Die Staatsanwaltschaft hat die an sich mögliche Beschwerde gegen diesen Beschluß bemerkenswerterweise nicht eingelegt. Offenbar glaubte sie in diesem Punkt selbst nicht mehr an die Begründetheit ihrer Anklage.

Was freilich die Beleidigung der Geistlichen betrifft, so schritt das Gericht sehr wohl zu einer öffentlichen Hauptverhandlung.

Der Strafprozeß gegen Ludwig Thoma

Conrad Haußmann verteidigt Ludwig Thoma

Die öffentliche Hauptverhandlung war bereits für Montag, den 19. Juni 1905, anberaumt.

Als Mitangeklagter erschien der »Simplicissimus«-Redakteur Julius Linnekogel. Er hatte schon im Ermittlungsverfahren nichts geäußert und brachte auch während der Hauptverhandlung nichts zu seiner Verteidigung vor.

Für die evangelischen Kirchenbehörden, die doch das Verfahren durch ihre Strafanträge in Gang gebracht hatten, war niemand erschienen, obwohl sie die Möglichkeit hatten, sich als Nebenkläger an der Seite des Staatsanwaltes an dem Verfahren zu beteiligen und in der Hauptverhandlung zu Wort zu kommen. Auch von den beleidigten Pastoren kam keiner. Sie setzten sich offenbar nicht gern den Blicken und der Kritik des offensichtlich Thoma-freundlichen Gerichtssaalpublikums aus. Dazu paßt auch, daß die Kirchenbehörden hinterher von der ihnen zugesprochenen Befugnis, das Urteil auf Kosten der Angeklagten zu veröffentlichen, keinen Gebrauch gemacht haben.

Als Verteidiger Ludwig Thomas fungierte Conrad Haußmann, seit Beginn des Jahrhunderts ein guter Freund und verständnisvoller Verehrer des Dichters.

*

Das Verhältnis zwischen Thoma und Conrad Haußmann findet sich bislang noch nirgendwo näher dargestellt.

Thomas Verteidiger Conrad Haußmann (sitzend) mit seinem Zwillingsbruder Friedrich.

Mit den Einnahmen aus seinen ersten Erfolgsstücken baute sich Thoma bei Rottach a. Tegernsee die ansehnliche »Tuften« nach den Plänen seines Freundes Taschner. Heute als Gedenkstätte im Eigentum der Stadt München.

Ludwig Thoma hat ihn nie gesehen und nie gehört, aber in seinem Gedicht kräftig beleidigt: Pastor Licentiat Friedrich Bohn (1870–1946). ▷

So sah sich Ludwig Thoma am liebsten: pfeifenrauchend und in der Lederhos'n. ▷ ▷

Eine wichtige Quelle dafür sind die Hunderte von Briefen Thomas an Haußmann, die im Hauptstaatsarchiv Stuttgart liegen, dazu eine größere Zahl von Schreiben Haußmanns an Thoma im Ludwig-Thoma-Nachlaß der Handschriftenabteilung der Stadtbibliothek München.

Die nicht immer ungetrübte, aber ungemein aufschlußreiche und fruchtbare Freundschaft begann wohl mit einer Besprechung von Thomas »Grobheiten«, die Haußmann in der Frankfurter Zeitung veröffentlichte. Am 3. Januar 1901 bedankt sich Thoma dafür: »... Seit vielen Jahren bin ich ein aufrichtiger Verehrer der Frankfurter Zeitung und ihres meisterhaften Feuilletons; es war mir allezeit eine Genugtuung, wenn ich in demselben den Abdruck einer Geschichte oder eines Gedichtes fand. Ich ... hoffe, daß meine gereimten Grobheiten auch künftig Ihren Beifall haben. Der Stoff zum Ärger und damit zur Dichtung geht ja Gott sei Dank nie aus ...«

Während des Ersten Weltkrieges trat zwischen beiden eine größere Entfremdung ein: der keineswegs kriegsfreudige Haußmann, schon seit 1890 Mitglied des Deutschen Reichstags, war an einem raschen Frieden interessiert, Ludwig Thoma aber völlig überraschend auf einen extremen Nationalismus eingeschwenkt. Bei den Stuttgarter Akten liegt noch ein Feldpostbrief aus Dubiecko vom 17. Mai 1915, in dem der Sanitätsmann Thoma seinen Freund Haußmann bittet, dieser möge sich beim Reichskanzler dafür verwenden, daß er an eine Fronteinheit versetzt wird, für die Etappe sei ihm seine Zeit »doch zu kostbar«.[6]

Etwa ab 1919 – Haußmann wurde im selben Jahr Vizepräsident der verfassunggebenden Deutschen Nationalversammlung – vertrugen sie sich wieder, und Thoma war öfters, auch mit seiner Altersgeliebten Maidi von Liebermann, in der Hohenzollernstraße 18 in Stuttgart Haußmanns Gast.

So fehlte Conrad Haußmann auch nicht am Grabe des Freundes, als Thoma am 26. April 1921 im Alter von 54 Jahren an Magenkrebs gestorben war. Seine Rede, die er bei dessen Begräbnis in Egern am Tegernsee gleich hinter der des Pfarrers hielt (ihr schlossen sich die des Vertreters des Miesbacher Freundeskreises, des Generalintendanten der Münchner Hofbühnen, der »Allotria« und die eines Korpsbruders der »Suevia« an), klingt für unsere Ohren ein wenig schablonenhaft:

»Die Deutschen haben einen unersetzlichen Verlust erlitten ... Ludwig Thoma ist der originellste und volkstümlichste Dichter der Gegenwart ... Er hat Seiten, die an Aristophanes, den großen Satiriker der Weltliteratur, heranreichen ... Seine saftigen Filserbriefe und seine zarte ›Geburt Christi‹ sind eine neue Gattung ... Er war das stärkste Temperament im Schrifttum unserer Tage ... Seine Dichtwerke haben etwas von der Holzschnittkunst der Alten an sich ... Die Heimat war seine tiefste Liebe, das Land und das Volk. Deshalb hat ihn das Schicksal Deutschlands durchs Herz geschnitten ... Von heute an wird die Gegnerschaft gegen ihn begraben sein. Die Erkenntnis wird wachsen, ein wie seltener Geist Ludwig Thoma gewesen ist. Er wird der Lieblingsdichter der Deutschen ... werden, wenn er es nicht schon ist ... Ludwig Thoma wird in unseren Herzen und in der deutschen Jugend weiterleben.«

Wenige Monate später, am 11. Februar 1922, starb auch Conrad Haußmann. Vorher hatte er noch den »Nachlaßfall Ludwig Thoma« anwaltschaftlich betreut, denn der kinderlose Thoma hatte drei Wochen vor seinem Tod noch ein Testament geschrieben, das seine Verwandten ziemlich enttäuschte: »Als Haupterbin meines Vermögens setze ich ein: Frau Maria, genannt Maidi von Liebermann, die vor langen Jahren nur durch meine Schüchternheit nicht meine liebe Frau geworden ist, und die jetzt durch widrige und widerliche Verhältnisse davon zurückgehalten oder daran gehindert wurde.« Die dazugehörigen Anwaltsbriefe liegen noch im Hauptstaatsarchiv Stuttgart, wie zum Beispiel der vom 17. September 1921, in dem Haußmann an die Erbin schreibt: »Liebe Frau Maidi! In Ihre wehe Einsamkeit schicke ich Ihnen meinen Nachruf ... Ich bitte die Universalerbin um ein kleines Andenken aus dem Hause. Mit dem Simpel bin ich nicht zufrieden. Die durch Thomas Tod ausgebrochene Ideenarmut zeigt sich doch darin, daß der Simpel auch gedruckt keinen würdigen Nachruf zusammengebracht hat.«[7]

*

Conrad Haußmann also hatte die Verteidigung Thomas übernommen, genauer gesagt: beibehalten. Das Haußmannsche Familienarchiv enthält nämlich noch das Original der Verteidigervollmacht, die Ludwig Thoma schon am 22. Juli 1904 den Zwillingsbrüdern Friedrich und Conrad Haußmann ausgestellt hat:

»Der Unterzeichnete Dr. Ludwig Thoma in München erteilt hiedurch den Herren Rechtsanwälten Friedrich und Conrad Haußmann in Stuttgart Generalverteidigungs-Vollmacht, ihn in sämtlichen gegen ihn anhängigen oder anhängig werdenden Strafsachen zu verteidigen.«[8]

Über die Hauptverhandlung selbst und ihren Beginn berichten die »Münchner Neuesten Nachrichten« recht anschaulich: »Im Zuschauerraum drängen sich Juristen, Literaten und Künstler. Der Zeiger der Uhr über der Eingangstür weist bereits auf 9 Uhr, und noch – eine halbe Stunde nach dem angesetzten Termin – ist die Anklagebank unbesetzt. Noch eine Viertelstunde – dann erscheinen die Erwarteten, zuerst der Verteidiger Conrad

V O L L M A C H T .

Der Unterzeichnete Dr. Ludwig T h o m a in München erteilt hiedurch den Herren

Rechtsanwälten

Friedrich und Conrad H a u s s m a n n

in Stuttgart

G e n e r a l v e r t e i d i g u n g s - V o l l m a c h t

ihn in sämtlichen gegen ihn anhängigen oder anhängig werdenden Strafsachen zu verteidigen. Zugleich sollen dieselben Substitutionsbefugnis haben.

Finsterwald, den 22. Juli 1904.

Ludwig Thoma

Thoma bevollmächtigte schon 1904 auch gleich für alle künftigen Prozesse das Rechtsanwaltszwillingspaar Haußmann (Original im Besitz der Erben Haußmann).

Haußmann, mit der Bibel bewaffnet, darauf die beiden Angeklagten und mit ihnen als Sachverständige Justizrat Bernstein und Schriftsteller Dr. Ludwig Ganghofer. Die wenigen Einleitungsformalitäten sind rasch erledigt; dann wird zur Verlesung der bereits telegraphisch mitgeteilten Anklageschrift geschritten.«

Thoma und Linnekogel erklärten, daß sie zunächst keine Äußerung zur Anklageschrift abgeben wollten, sondern sich ihre Äußerungen vorbehalten. Thoma bekannte sich auf ausdrückliches Befragen des Vorsitzenden als Verfasser des mit Peter Schlemihl gezeichneten Gedichtes.

Dann überreichte Staatsanwalt Glöggler den offiziellen Bericht über den Kongreß, einen Sonderdruck aus der »Kölnischen Zeitung«.

Der Verlauf der Verhandlung läßt sich anhand ausführlicher Zeitungsberichte[9] ziemlich genau verfolgen; so auch die Reden und Gegenreden, von denen zuerst die des Verteidigers Haußmann zitiert werden soll:

»Mir kommt es besonders darauf an, die Resolution zu verlesen, in der ein strafrechtliches Einschreiten verlangt wird. Dann bitte ich, den abgedruckten Brief eines Berner Professors zu verlesen, der sich gegen die Literatur eines Zola, Maupassant, Flaubert wendet. Dann bitte ich festzustellen, daß auch Israeliten unter den Teilnehmern am Kongreß gewesen sind, und daß ein Rabbiner eine Erklärung abgegeben hat. Schließlich bitte ich festzustellen, daß sich die musikalischen Vorträge beim gemeinsamen Mittagsmahl auf das Lied ›Mein Schatz ist ein Reiter, ein Reiter muß es sein . . .‹ erstreckten (stürmische Heiterkeit).«

Bei dem Professor aus Bern handelt es sich um Professor Carl Hilty[10], der dann auch im Urteil (I vorl. Abs.) erwähnt wird. Er verlangte in erwähntem Brief, daß die gebildeten Kreise Bücher und Theaterstücke, in denen eine unsaubere, oft ekelhafte Erotik gepflegt werde, mit Verachtung strafen sollen. Unter die Kategorie der davon betroffenen Schriftsteller zählt Hilty auch Liliencron; er meinte, man soll in der Goethe-Verehrung »mehr Maß halten«.

Zu den beiden Pastoren, für die die Kirchenbehörde den Strafantrag gestellt hat, bemerkt Rechtsanwalt Haußmann:

»Das sind Männer, die im öffentlichen Leben stark tätig sind. Herr Lizentiat Weber ist öffentlicher Agitator, im vorigen Monat hat er erst hier in Stuttgart an der Tagung des Flottenvereins als Vertreter der evangelischen Arbeitervereine teilgenommen und gesprochen. Er hat dabei ausgeführt: ›Wir geben der Regierung, was der Regierung gebührt, wir wollen aber freie Männer bleiben und unsere Unabhängigkeit wahren.‹ Bravo! verzeichnet dahinter der Bericht. An dem evangelisch-sozialen Kongreß in Hannover war Lizentiat Pastor Bohn stark beteiligt. Und gegen diesen Kongreß veröffentlicht gerade soeben die Norddeutsche Allgemeine Zeitung eine anscheinend von höherer Stelle veranlaßte Stellungnahme gegen das Übermaß von Einseitigkeit dieses Kongresses. Ich hebe das hervor, damit man sieht, wie die beiden Leute sind, die sich auf allen Gebieten des öffentlichen Lebens stark betätigen, und daß sie dabei, wie das so üblich ist, immer ihren Amtstitel führen. Es beweist das aber, daß sie vollständig unabhängig im öffentlichen Leben wirken wollen.«

Vorsitzender: »Da das Gedicht auf intime Vorgänge anspielt, empfiehlt es sich wohl, auch zu verlesen, was Lizentiat Bohn in seiner Rede über die Ehe und das Eheleben gesagt hat.«

Rechtsanwalt Haußmann: »Ich bitte auch zu verlesen, was Lizentiat Bohn über das Bild ›Rembrandt und seine Frau‹ ausführt.«

Staatsanwalt: »Diese Rede wurde in nichtöffentlicher Delegiertenversammlung gehalten.«

Haußmann: »Aber durch die offiziellen Berichte des Pfarrers Lizentiat Weber überall verbreitet.« (Heiterkeit)

So werden auch diese Stellen verlesen. Lizentiat Bohn verwahrt sich darin dagegen, daß sie unklare Prüderie treiben wollten, und verweist auf das Rembrandtsche Bild, das den Maler darstelle, wie er mit der einen Hand den Pokal, mit der anderen glückstrahlend sein Weib umspanne, das sich glücklich und geborgen in der Ehe und Liebe des Gatten fühle. »Auch mir hat Gott der Herr ein solches Weib geschenkt. Braut- und Kraft-Jubel und stille Ehefreuden, wer dieses Glück errungen, stimmt mit diesem Künstler jubelnd ein.« »Unser Ansturm», heißt es weiter, »richtet sich gegen die Literatur, in der die Ehefrau zur Ehebrecherin, die Jungfrau zur Dirne gemacht wird.«

Haußmann: »Ich beantrage, die beiden Sachverständigen darüber zu vernehmen, daß ein satirisches Gedicht nicht mit dem gleichen Maßstabe wie bei anderen journalistischen Auslassungen beurteilt werden darf, und daß sich das Gedicht dem Stile satirischer Faßnachtspiele älterer und neuerer Schriftsteller anreiht. Außerdem sollen die Herren darüber sich auslassen, ob nicht der auf dem Kongreß eingenommene literarische Standpunkt eine literarische Reaktion herausfordern mußte, insbesondere bei dem Angeklagten Dr. Ludwig Thoma in seiner Charaktereigenschaft als Satiriker, und daß bei dessen ganz individueller Eigenschaft eine persönliche Beleidigung ferngelegen hat.«

Der Staatsanwalt hatte gegen die Vernehmung der Sachverständigen nichts einzuwenden, und sie wurde vom Gericht nach 20minütiger Beratung beschlossen. Zuerst wird Justizrat Dr. Max Bernstein aus München vernommen, von dem einige Zeitungen ausdrücklich berichten, daß er sich vor Gericht als »konfessionslos« bezeichnete.[11] Etwas umständlich, aber temperamentvoll widerspricht er der Auffassung der Anklage:

»Ich glaube, die Frage, ob die Verhandlungen des Sittlichkeitskongresses eine literarische Reaktion hervorrufen mußten, bejahen zu müssen.

Die Art, wie der Kongreß in seiner Mehrheit sich mit diesen Fragen beschäftigt hat, hat eine Erwiderung deswegen herausgefordert, weil der Kongreß – ich meine immer seine Mehrheit – sich bezüglich der Dinge auf einen Standpunkt gestellt hat, der mit dem Prinzip, von dem aus solche Dinge behandelt werden müssen, dem Prinzip der Wissenschaftlichkeit, absolut unvereinbar ist. Während dieses ganzen Kongresses ist von der Majorität fortwährend etwas getan worden, was nach der Meinung jedes modernen wissenschaftlich gebildeten Menschen nicht geschehen soll: Der Begriff der Sittlichkeit ist absolut auf das Geschlechtliche konstruiert worden, während die moderne geistige Entwicklung darauf hinweist, das sittliche Moment absolut nicht im Sexuellen zu suchen.

Der zweite Punkt, der den Widerspruch hervorrufen mußte, ist darin zu suchen, daß man nicht bloß vor ganz Deutschland, sondern vor der ganzen Welt die Zustände im deutschen Volk so darstellt, daß es im Interesse der Ehre des deutschen Volkes als falsch zurückgewiesen werden mußte. Es wird da gesagt, das deutsche Volk befinde sich in einem Sumpf, dem Volk mangele die sittliche Klarheit, auch den Richtern und anderen Organen, was sich bei Handhabung der gesetzlichen Maßnahmen gegen die unsittliche Literatur zeige. Diesen Vorwurf verdienen das deutsche Volk und die deutschen Behörden nicht. Es war daher ein deutscher Schriftsteller, besonders ein Mann von der literarischen Individualität Thomas, berechtigt, diesen Ansichten entgegenzutreten.

Ein dritter Grund zur Zurückweisung lag dadurch vor,

daß auf diesem Kongreß vor ganz Deutschland diejenigen, die mit den Anschauungen der Herren nicht übereinstimmen, nicht etwa als irrende Menschen, sondern als schlechte hingestellt werden. Der Angeklagte steht auf der modernen Anschauung, daß der Mensch als Produkt der geschichtlichen Vorgänge zu betrachten sei. Er vertritt aber nicht die ganz veraltete unsittliche und unmoralische Ansicht, daß derjenige, welcher nicht die Meinung der anderen teilt, als verderbter Mensch zu betrachten sei. Diese Ansicht, die auf dem Kongreß vorherrschend war, war durchaus herausfordernd und besonders herausfordernd für einen Schriftsteller, der sich nach seiner ganzen Eigenart zu den Schriftstellern rechnen muß, denen man auf dem Kongreß vorgeworfen hat, daß sie zu Ehebruch und Hurerei verleiten.

Der Literat hat wohl das Interesse, die Meinung zu bekämpfen, daß die Entscheidung, ob ein Volk in moralischen oder unmoralischen Bahnen sich befinde, abhänge von dem Stande der Literatur. Das hieße eine Überschätzung der Literatur, der wir im Interesse ihrer selbst und der Literaten entgegentreten müssen. Es ist nicht wahr, daß die Sittlichkeit des Volkes von der Literatur beeinflußt wird. Die Sittlichkeit auf dem Lande, die man oft in Gänsefüßchen setzen muß, wird doch wohl nicht durch die Lektüre französischer Romane und Dramen beeinflußt (Heiterkeit). Die Behauptung, daß ein Schriftsteller ein unsittlicher Schriftsteller sei, ist in einem Grade beleidigend, von dem die Herren in Köln keinen Begriff haben. Denn das hieße ihm ja den Lebensinhalt rauben.

Gefährlich ist auch die in Köln aufgestellte Behauptung, weil sie verbunden ist mit dem Ruf nach Polizei, also mit dem Ruf nach einer Beschränkung der Freiheit, die der Dichter und Künstler braucht. Der Kongreß ist ja so weit gegangen, die deutschen Männer und Frauen aufzufordern, zu einer Horde von Denunzianten zu werden. Die Gefährlichkeit hat sich ja auch gleich erwiesen, indem man in Köln sofort den Ruf nach Polizei erhoben hat. Es ist meine ehrlichste Überzeugung, und ich glaube nicht, daß in Deutschland irgendein Mensch, der in Kunst und Literatur etwas geleistet hat, anderer Anschauung ist: Die Auffassung der Herren ist so dilletantenhaft töricht, schädlich, minderwertig in jedem Sinne, daß für Leute, welche Ernst, Bedeutung und Wert literarischer Eigenart zu schätzen wissen, diese arroganten Torheiten absolut indiskutabel sind.«

Hier unterbricht der Vorsitzende den Sachverständigen:

»Herr Justizrat, ich bitte Sie, sich im Ausdruck zu mäßigen.«

Bernstein aber fährt fort:

»Ich habe geschworen, meine Meinung auszusprechen. Wenn man den Grundsatz aufstellt, daß der Schriftsteller nur schreiben darf, was sich für die heranwachsende Jugend eignet, so ist kein Wort der deutschen Sprache stark genug, um diesen – sagen wir künstlerischen Unverstand – zu kennzeichnen. Dasselbe gilt von der Behauptung: Die Stellung zur Ehe solle der Wegweiser sein, an dem sich sittliche und unsittliche Literatur unterscheiden, und daß sittlich das sei, was die Ehe stärkt. Nach diesem Grundsatz würde der ganze unschätzbare Besitz, den unser Volk in seinen Klassikern und künstlerischen Meisterwerken besitzt, der Unterdrückung durch die Obrigkeit ausgesetzt sein.

Man braucht nicht Sachverständiger zu sein, sondern nur den normalen Bildungsgrad zu Hilfe zu nehmen, um diese Grundsätze als unhaltbar zu erkennen. Wenn der Grundsatz gelten sollte: Wir erlauben den Schriftstellern nur, bis zur Schwelle des Ehelebens zu gehen, dann wäre das ein Unglück für die geistige Fortentwicklung der Nation. Dann müßte der Richter die ›Wahlverwandtschaften‹ konfiszieren. Haben Faust, Wallenstein, überhaupt alle klassischen Werke die Tendenz, die Ehe zu fördern? Damit hat alle literarische Entwicklung ein Ende. Seit 30 Jahren hat sich immer mehr der Gedanke Bahn gebrochen und ist durch die führenden Geister in Deutschland, Frankreich und Skandinavien bestätigt worden, daß es eine Beschränkung des Stoffes für den Künstler nicht geben darf . . .

Dann wurde in Köln auch der Brief des Professors Hilty verlesen und demselben vom Vorsitzenden damit gedankt, daß das endlich einmal ein kräftiges Wort sei. Da werden als zu bekämpfen Schriftsteller genannt, über die die Literaturgeschichte gesprochen, auf die ihre Nation mit Recht stolz ist; Künstler, die eine ehrliche Lebensarbeit hinter sich haben. Welche Perlen der Lyrik verdanken wir Detlev von Liliencron? Und dieser noch lebende deutsche Dichter muß sich zu den ›Huren und Ehebrechern‹ werfen lassen. Das ist für jeden literarisch tätigen Menschen herausfordernd. Niemals ist der Menschheit ein größeres Geschenk gemacht worden, als an dem Tage, an dem Wolfgang Goethe geboren wurde. Und nun kommt man und wagt, ohne daß widersprochen wird, zu fordern, die Verehrung Goethes müsse kleiner werden, damit die Sittlichkeit größer werde. Jeder Deutsche hat die Pflicht, dem entgegenzutreten, zumal Schriftsteller von der Begabung Ludwig Thomas.

Das sind die Gründe, weshalb ich die an mich gestellte Frage bejahen muß.«

Als zweiten Sachverständigen hörte das Gericht nun Dr. Ludwig Ganghofer:

»Ich schließe mich dem Gutachten Bernsteins an. Ein Umstand ist mir bei den Referaten über die Kölner Veranstaltung aufgefallen: Die liberalen und freisinnigen Zeitungen haben viel dezenter berichtet als die kirchlich gerichteten, die sogenannten Kirchenblätter. Allerdings mußten sich ja auch die anderen Blätter mit dem Kongreß beschäftigen. Ich habe 8 Tage lang vor meinen 13- bis 14jährigen Kindern die Zeitungen verstecken müssen (Heiterkeit), denn es wimmelt ja in den Berichten nur so von Ausdrücken: ›Lustzentren‹, ›Hurer und Buhler‹, ›Verkehr zwischen Hund und Hündin‹, ›aufsteigende Manneskraft‹, als Sache, die von Gott geregelt wird (Heiterkeit).

Die Veranstaltung in Köln sollte nichts weiter als die lex Heinze[13] wieder heraufbeschwören. Ich gestehe, daß von verschiedenen Mitgliedern ganz gesunde prächtige Ansichten geäußert sind, die, wenn sie erfüllt würden und erfüllbar wären, von heilsamem Einfluß für unser Volk sein würden. Es ist viel auf dem Kongreß geredet worden, aber neun Zehntel von dem, was da geredet worden ist, läßt sich dahin kennzeichnen: Entweder wissen die Herren nicht, was das Leben ist, und haben nie etwas anderes gesehen als ihr Buch und Amt, oder sie lügen.«

Vorsitzender: »Ich bitte Sie, sich zu mäßigen!«

Ganghofer: »Man hat eine Bibelstelle so zitiert, als ob sie auf die Unsittlichkeit gemünzt wäre, die aber ganz anders gemeint ist und sich gegen den Abfall vom Monismus richtet. Der Herr Pastor muß doch wissen, was diese Stelle bedeutet. Und wenn er das auf den Kopf stellt – nun, ich will nicht weitersprechen – (Heiterkeit).

Ich habe das Gedicht unter dem frischen Eindruck des Kongresses gelesen und gleich gedacht: ›Gottseidank, da trifft wieder einmal einer den Nagel auf den Kopf.‹ (Heiterkeit) In der Form hält das Gedicht durchaus die Grenze der Satire und Parodie inne und ist eine Kunstleistung, ein echter Thoma. Dr. Thoma war früher als Rechtsanwalt Bauernverteidiger und ist Bayer. In dieser Grobheit erblicke ich den Ausdruck von Gesundheit.«

*

Alle Zeitungen stimmen darin überein, daß die Darlegungen der Sachverständigen großen Eindruck auf die Zuhörer gemacht haben. In der Presse aber blieben sie nicht ohne Widerspruch, wie überhaupt jede Phase dieses Prozesses in den Zeitungen aufs Lebhafteste diskutiert wurde. Das neue Tagblatt (Nr. 141/1905) schreibt zum Beispiel:

»Wir stehen nicht an, trotz der entgegengesetzten Gutachten der beiden Sachverständigen das Gedicht, das den Gegenstand der Anklage bildete, als abscheulich zu bezeichnen ... Der Geist der Unduldsamkeit, den der Sachverständige Bernstein dem Kölner Kongreß zum Vorwurf machte, scheint uns auch aus dem Gedicht des Simplicissimus zu sprechen, auch in ihm wird der Gegner nicht als Irrender, sondern ohne weiteres als schlechter Mensch hingestellt, und doch läßt sich nicht in Abrede stellen, daß, wie der Verteidiger Haußmann gestern selbst zugegeben hat, der Bewegung, von der der Kölner Kongreß getragen war, ein berechtigter Kern innewohnt, wenn sie auch weit übers Ziel hinausschießt ...

Die Verteidiger der Freiheit von Kunst und Wissenschaft haben den Namen Goethe auf ihre Fahne geschrieben. Aber glaubt man wohl, daß Goethe, der ja recht derb sein konnte, wo es nottat, der aber zeitlebens von tiefer Ehrfurcht für die Bibel erfüllt war, Worte geschrieben oder gebilligt hätte, wie die des Simplicissimus-Gedichtes?«

*

Nun kam Staatsanwalt Glöggler mit seiner Anklagerede an die Reihe.

Er erörterte zunächst die dann in der Urteilsbegründung und auch im Revisionsverfahren immer wieder eine Rolle spielende Frage, ob der Strafantrag, den der Preußische Oberkirchenrat gestellt hatte, rechtlich begründet sei. Es liege, so meinte Glöggler, eine Beleidigung der gesamten evangelischen Geistlichkeit vor, soweit sie sich an dem Kölner Kongreß beteiligt habe.

Sodann: »Ausdrücke wie ›gnadentriefende Schöpsenkeule‹, ›evangelische Unschlittkerze‹, ›jammerseliges Sündenpflaster‹ sind zweifellos beleidigend. Auch vom Bibeldünger wird gesprochen, das Zerrbild eines evangelischen Geistlichen wird gezeichnet und in Gegensatz gestellt zu dem Ideal der heidnischen Venus. Am Schluß findet sich sogar noch ein Angriff auf die christliche Pfarrfrau. Die Adresse, auf die sich diese Leistung bezieht, ist angegeben: An die Sittlichkeitsprediger in Köln am Rhein. Also nicht mehr der Pfarrer Weber oder der Pfarrer Bohn sind beleidigt, sondern die gesamte evangelische Geistlichkeit ist gemeint.

Nun wissen wir alle, daß der Simplicissimus ein politisches Witzblatt ist, das für sich Freiheit verlangt. Demgegenüber ist zu sagen: Es gilt maßzuhalten. Es geht nicht an, daß ein Blatt, wenn es auch satirisch ist, über jeden herfallen kann, der ihm nicht paßt. Ein Vorrecht der Witzblätter ist nicht anzuerkennen. Auch eine gewisse Narrenfreiheit kann der Simplicissimus für sich nicht in Anspruch nehmen. Er will ernstgenommen sein. Selbst ein Mann wie Otto von Leixner hat sich für die Einhaltung gewisser Grenzen ausgesprochen.

Nun ist gesagt worden, man solle die Persönlichkeit des Angeklagten Thoma berücksichtigen. Begeisterte Verehrer nennen ihn den bayerischen Aristophanes. Andere halten das von ihm redigierte Blatt für ein Zotenblatt. Ich sage: Ein mit der Feder gewandter Schriftsteller muß maßzuhalten verstehen, und das hat Thoma im vorliegenden Falle nicht getan.

Es sind über das Gedicht schon mehrere Urteile gesprochen worden. Ferdinand Avenarius und der Schriftsteller Otto von Leixner[12] haben es verworfen. Im deutschen Reichstag hat man es eine Gemeinheit genannt. Als Entschuldigung für das Gedicht ist die bayerische Roheit angeführt worden. Aber die Ausdrücke im Gedicht enthalten solches Maß von Geringschätzung und Verachtung, wie sie die Sprache kaum kennt. Wir haben ja schon öfter das zweifelhafte Vergnügen gehabt, etwas mit dem Simplicissimus zu tun zu haben, und wir wissen, wie die Herren es machen: Sie schweigen sich aus; Herr Thoma mit diplomatischem Vorbehalt des letzten Wortes, wobei er dann die Anklage in Grund und Boden vernichten will (Heiterkeit).

Der Simplicissimus will nun heute auf einmal als der Vertreter und Verfechter unserer geordneten deutschen Zustände angesehen werden. Die Botschaft hör' ich wohl, allein mir fehlt der Glaube (Heiterkeit). Wenn man den Simplicissimus insgesamt sieht, stößt man auf Schritt und Tritt auf Untergrabung der Autorität. Man verspottet und verhöhnt, wo es geht, die staatlichen Einrichtungen werden ins Lächerliche gezogen. Nun regt sich auf einmal in Thoma die Quelle sittlicher Entrüstung.

Beinahe hätte ich ja den Angeklagten Linnekogel vergessen (Heiterkeit). Er führt aber auch ein zu bescheidenes Dasein. Er schweigt sich überhaupt aus. Offenbar gibt er nur den Namen her für die Witze, die von anderen Leuten mehr quantitativ als qualitativ fabriziert werden. Er läßt alles über sich ergehen. Aber er ist verantwortlicher Redakteur.

Eine Geldstrafe ist nicht am Platze, da sie nicht die Angeklagten, sondern nur die Kasse des Simplicissimus trifft. Ich beantrage daher für Dr. Thoma eine Gefängnisstrafe von mindestens 2 Monaten, für Linnekogel eine solche von 4 Wochen. Außerdem beantrage ich, den Beileidigten die Befugnis zur Publikation des Urteils zuzuerkennen.«

Sodann erhob sich Conrad Haußmann zu seiner einstündigen Verteidigungsrede:

»Bei der Kölner Bewegung handelt es sich im wesentlichen um eine Erneuerung der lex Heinze.[13] Bohn hatte durchaus recht, wenn er in Köln sagte, daß es sich um den Kampf zweier Weltanschauungen handelt, anstatt – wie sonst – der Areopag der öffentlichen Meinung, sollen jetzt die Richter über diese beiden Weltanschauungen zum Richter angerufen werden. Die Aussagen der beiden Sachverständigen waren mir deshalb besonders wertvoll, weil sich in ihnen die Erregung der Schriftsteller widerspiegelt. Auf dem Kölner Kongreß sind nicht bloß Pfarrer, sondern viele Sittlichkeitsprediger gewesen. Der Ausdruck ›Sittlichkeitsprediger‹ sollte natürlich die Redner und nicht den Stand zum Ausdruck bringen.

Die Kölner Kundgebung ist zu einem Viertel wahr, zu einem Viertel unsympathisch, zu einem Viertel unwahr und zum letzten Viertel widerspruchsvoll. Es muß hervorgehoben werden, daß man es in Köln fertiggebracht hat, vom Schriftsteller zu verlangen, daß er natürlich und wahr sein sollte, und gleichzeitig verbietet man ihm, die wahrsten Einblicke in die Seelenprobleme der Menschen in ihren stärksten Konflikten auszusprechen, nur weil es einer gewissen Moralrichtung nicht gefällt. Das stärkste, was nach meiner Meinung an Dilletantismus über solche Fragen geleistet werden kann, ist das Verlangen, der Schriftsteller solle überlegen, ob er nicht besser Schuldmaterial dem Strafrichter, technisches Material dem Fachmann übergebe, damit er sich sagen könne: Animam meam salvavi (Heiterkeit).

Daß Herr Bohn auch sonst sehr merkwürdige Ansichten hat, geht aus Äußerungen, die er über das Geschlechtsleben in der Ehe getan hat, hervor. Ich muß sagen, in seinen Reden und Broschüren sind Stellen enthalten, daß ich es mir versagt habe, diese Schrift von meinem Schreibmaschinisten abschreiben zu lassen, weil sie nach meiner Meinung das Schamgefühl verletzen (Heiterkeit). Es wird da breit über den »Vollakt der Ehe«, die »aufsteigende Männlichkeit« gesprochen. Die Scham muß einem ins Gesicht steigen, wenn man ... liest, wie der Licentiat Bohn nur so spielt mit dem Hinweis auf die intimsten Vorgänge. Das schmerzvollste ist das Hereinziehen Gottes in diese Dinge.

Der Ausdruck ›gottesseliger Bettbesteuger‹ im Thomaschen Gedicht gibt kurz und volkstümlich das wieder, was man bezüglich der Verquickung der Religion mit derartigen Dingen denkt. Die Wendung enthält zugleich den Hohn als die Strafe für diese Verquickung. Es war gerade der größte Fortschritt des Neuen Testaments in sittlicher Beziehung, daß es die kalten, harten, sittlichen Begriffe des Alten Testaments, in denen vorgeschrieben war, daß man die Ehebrecherin steinigen müsse, nicht fortführte. Das Neue Testament lehrt uns das Evangelium der Liebe, des Weisen von Nazareth, der der Ehebrecherin verziehen hat, der Maria Magdalena aufgehoben hat, und nicht zu ihr sagte, sie verkehre wie eine Hündin mit dem Hund (Bewegung).

Nachdem der Kongreß, der einen solchen Wortführer besaß, seine Aufgabe erfüllt hatte, sang man freudig bewegt beim Festmahl das Lied unter stürmischem Beifall:

Mein Schatz ist ein Reiter,
Ein Reiter muß' sein.
Das Pferd gehört dem Könige,
Der Reiter ist mein.

Mein Schatz ist Buchhalter,
Buchhalter muß' sein,
Das Buch gehört dem Kaufmann,
Der Halter ist mein.

Mein Schatz hat schneeweiße Knie,
Doch gesehen hab' ich sie nie.
(Große Heiterkeit)

Nun hat Thoma geantwortet: ›Man muß fühlen, wie hier ein Mensch, der gewohnt ist, dichterisch zu arbeiten, mit dem Problem derart fertig wird, daß er selbst die Maske des Polterers vornimmt. Man muß einen Sinn für Humor haben, um das verstehen zu können, daß der Inhalt ernst und nur die Form scherzhaft und spaßig ist. Die Leser des Simplicissimus, die intelligent sind, empfinden das auch.‹

Die Frage ist nun: Soll der Dichter mehr Recht haben wie ein gewöhnlicher Mensch? Was ein Dichter als Mensch tut, das ist gleich zu beurteilen. Was er als Dichter tut, unterliegt gleichfalls keiner Ausnahme. Aber es unterliegt den Kunstgesetzen der Dichtung und muß verstanden werden aus diesen Gesetzen. Ich will mir versagen, auf einzelne Worte einzugehen. Aber eine Äußerung wie ›evangelische Unschlittkerze‹ ist eine Verspottung des sonst üblichen Bildes des Kirchenlichts. ›Kindererzeuger‹ ist keine Beleidigung (Heiterkeit), und mit ›Kaninchentrieb‹ sollte auf die Tatsache hingewiesen werden, daß gerade in den frommen Pastorenfamilien der Kindersegen ein reicher ist (erneute Heiterkeit). Bohn hat die intimsten Vorgänge verquickt mit dem Gottesbegriff; daher ›gottseliger Bettbesteuger‹. Das muß alles nicht so wörtlich genommen werden, man muß an ein Fastnachtspiel denken, in dem auch nicht alles ernst aufgefaßt wird. Bekannt ist die Äußerung Jean Pauls: ›Komik ist angeschauter Unverstand‹.

Den Unverstand, die Ansichten des Herrn Bohn, hat der Angeklagte angeschaut, und was hat er getan? Er hat eine sogenannte reductio ad absurdum satirica verwendet. Die vis comica ist beim Angeklagten Thoma stark entwickelt. Das ist eine Kunst, die auch Anerkennung verdient. Leo Tolstoi, ein sittlich sehr hochstehender Mensch, hat geschrieben: ›Der Simplicissimus ist vor allem auch deshalb wertvoll, weil er in künftigen Jahrhunderten der wahrste Spiegel unserer Zustände sein wird‹ . . .[14]

Ich bitte in erster Linie um Freisprechung, andernfalls um Einstellung des Verfahrens, da die Tätigkeit auf dem Kölner Sittlichkeitskongreß nicht zum Amt eines Geistlichen gehört und demzufolge der Strafantrag des Oberkirchenrats unzulässig ist.«

Auf diese offensichtlich mit sympathischer Anteilnahme verfolgte Verteidigungsrede antwortete der Staatsanwalt noch einmal kurz: über die beleidigende Form des Gedichts komme »auch die gewandteste Verteidigung« nicht hinweg. Er bestehe auf seinen Anträgen.

Dann endlich ergriff der Angeklagte Ludwig Thoma selbst das letzte Wort:

»Ich will nur über die Berechtigung des Strafantrags sprechen. Es wird heute so hingestellt, als hätte ich einen Kirchendiener in der Ausübung seines Amtes beschimpfen wollen. Das klingt sehr unangenehm und könnte wohl eine ganz besondere Roheit sein. Gegen diese Auslegung muß ich Protest einlegen. Was ein Kongreß ist, braucht man doch in Deutschland nicht zu sagen. Es ist ein Vergnügen, eine Ferienreise für Leute, die sich nur dann wohlfühlen, wenn sie mit ihrer Meinung herdenweise auftreten können, ob das nun im Flottenverein ist oder auf Keglerkongressen oder Sittlichkeitskongressen. Wir sollten unseren Begriffen keinen Zwang antun. Wenn ein Pfarrer auf einem Kongreß eine politische Frage anschneidet, Überzeugungen angreift, die Hunderttausende teilen, wenn er die bestehenden Gesetze verschärfen will, so liegt darin nicht die Ausübung einer priesterlichen Tätigkeit. Ich habe nicht gleich geschrieben, sondern habe abgewartet, was kommt. Von der romanischen Rasse hat mit Ausnahme eines längst als Narrenfigur Erkannten niemand auf dem Kongreß gesprochen.

Es ist mit einer wirklichen Schamlosigkeit ein klägliches Bild deutscher Kultur gegeben worden. Ein minderwertiges Menschentum hat sich hier breitgemacht. Ein Buchhändler trug vor, daß der außereheliche Geschlechtsverkehr die Wehrkraft des deutschen Volkes mindere. Ein anderer teilt brieflich mit, daß die Verehrung Goethes abnehmen müsse. Das Stärkste hat sich Herr Bohn geleistet; er hat sich auf die Bühne gestellt und gesagt, seine Heimat sei verhurt. Fertig! (Heiterkeit) Diese Äußerung drückt dem ganzen Kongreß einen Stempel auf: Maßlose Überhebung. Immer wieder findet sich das Wort ›Hure‹. Dieses Wort spielt in der Phantasie der Herrn eine merkwürdige Rolle. Die Liebe wird als die rasche Befriedigung irgendeiner Notdurft hingestellt. Was sind denn das für Leute, die so über uns zu Gericht zu sitzen glauben? Studenten, großgeworden in einer kleinen Universitätsstadt, die neben dem Saufen in geheimen Stunden ihre Verirrungen pflegten oder um die Gunstbezeigungen irgendeiner feilen Dirne buhlten. Es ist sehr leicht, an diesen Dingen passiv vorüberzugehen. Allein, wer im öffentlichen Leben steht, hat das Recht, dagegen Stellung zu nehmen.

Die Herren in Köln würde es weniger erregen, wenn unser Volk wirklich in seiner Majorität unmoralisch wäre. Sie ärgern sich nur, weil das arbeitende Volk in seiner Mehrheit sich von ihrem bedrückenden Einfluß freimachen will. Das spornt ihren Eifer an. Politische Bestrebungen spielen hinein. Daß die Zeiten heute unsittlicher geworden sind, kann doch wahrlich keiner behaupten. Und trotzdem gibt es die Bohn, Weber und andere erst heute. Früher haben sie sich nicht geregt. Die Herrn wissen, daß zu keiner Zeit die Unsittlichkeit größer war, als damals, wo sie absolut herrschten.

Was die Äußerungen im Gedicht über die Pastorenfrau anlangt, so habe ich nicht sämtliche Pastorenfrauen verletzen wollen. Ich wollte sagen, daß, wer tiefe und echte Liebe gefunden hat, nicht auf Reisen gehen kann gegen die Liebe (Heiterkeit). Wenn Ihnen unsere Moral nicht gefällt, so beruht das auf Gegenseitigkeit (Heiterkeit). Bohn war neulich in Stuttgart und hat geschrieben, er könne über Stuttgart nichts Erfreuliches melden. Ich hoffe, daß Sie, meine Herren Richter ein Urteil fällen werden, das den Herren Anlaß geben wird, diese Äußerung zu wiederholen.« (Heiterkeit)

Sodann verkündete der Vorsitzende den Beschluß, daß die öffentliche Urteilsverkündung am Montag, den 26. Juni 1905, erfolge.

An diesem Abend wurde es ½7 Uhr, bis das Gericht seine Beratungen beendet hatte. Ludwig Thoma wurde für schuldig befunden und bekam 6 Wochen Gefängnis.[15]

Das Urteil des Stuttgarter Landesgerichts

Am 27. Juni 1905, einen Tag nach der Urteilsverkündung, schildert der Berichterstatter der »Schwäbischen Tagwacht« die Stimmung, die bei dieser Gelegenheit im Gerichtssaal geherrscht hat:

»Der Gerichtssaal, in dem das Urteil verkündet wurde, war dicht gedrängt voll Zuhörer. Bei Bekanntgabe der gegen Thoma erkannten Strafe ging es wie ein elektrischer Schlag durch die Zuhörermenge. Das hatte man nicht erwartet! ... Nachdem die erste Überraschung – man könnte fast sagen: Verblüffung – überwunden war, wurde die Urteilsbegründung gespannt verfolgt. Man suchte eine Erklärung für das harte Urteil. Eilfertig las der Referent das Schriftstück herunter ... Formell mag das Urteil ein Meisterwerk sein, unantastbar bis zum letzten i-Punkt. Daß es der Sache, um die gekämpft wurde, gerecht wird, wer möchte das behaupten? ...

Die Herren Pastoren haben einen Sieg errungen; Ludwig Thoma wandert ins Gefängnis. Irgendwo wird erzählt von einem Manne, der geboten hat, die Feinde zu lieben ...

Die Herren Pastoren geben vor, die Jünger dieses Mannes zu sein. Nun hat der ›Königlich preußische evangelische Oberkirchenrat‹, dem Drängen der Frommen nachgebend, dem deutschen Dichter durch die Stuttgarter Strafkammer die Lehren jenes Mannes im Sinne der Kölner Sittlichkeitsprediger auslegen lassen, und die fromme Presse dieser Christen wird in den nächsten Tagen widerhallen von dem Triumphgeschrei der ›Stillen im Lande‹: ›Heil uns! Ludwig Thoma ist zu sechs Wochen Gefängnis verurteilt! Halleluja!‹«

Von den kritischen Stimmen weiterhin ein Zitat aus den »Münchner Neuesten Nachrichten«, das die »Württembergische Tagwacht« (28. Juni 1905) nachdruckt:

»Zunächst die Verurteilung an sich und dann die Höhe der Strafe müssen mit ihrer Begründung aufs äußerste befremden. Jedem, der den Verhandlungen der Kölner Sittlichkeitsapostel mit Aufmerksamkeit folgte, stieg die Zornesröte ins Gesicht, als er vernahm, daß man es dort wagte, das deutsche Volk als ein Volk der Huren zu bezeichnen, als man die teuersten Namen, Goethe, Shakespeare u. a., in den Dreck zu ziehen sich unterfing. Gewiß war Dr. Thomas Erwiderung scharf, aber bis jetzt hat allewege auf einen groben Klotz ein grober Keil gehört, und in Köln waren recht grobe Klötze versammelt, und denen galt Dr. Thomas Angriff, nicht der Geistlichkeit an sich, wie das Urteil glauben machen will.«

Diese Äußerungen erfolgten, bevor die schriftliche Urteilsbegründung – sie war für alle weiteren Folgerungen, auch für das Revisionsverfahren, allein maßgebend – zur Verfügung stand. So wie heute wurde sie schon damals entsprechend einem ausdrücklichen Gebot der Prozeßordnung den Beteiligten jeweils einige Tage später förmlich zugestellt.

*

Merkwürdigerweise wurde nun diese schriftliche Begründung bis heute noch nie veröffentlicht. Sie erschien nicht einmal in der damals meistgelesenen »Juristischen Wochenschrift«, die jeweils die interessantesten und wichtigsten Urteile publizierte, wie das heute noch in den juristischen Fachblättern geschieht. Aber auch die Ludwig-Thoma-Forschung, wenn man von einer solchen angesichts der so vielen unerforschten und noch in den Archiven liegenden Ludwig-Thoma-Dokumente überhaupt reden will, hat dieses Urteil noch nie zur Kenntnis genommen, offenbar auch gar nicht danach gesucht; obwohl es doch auf der Hand liegt, daß ein solches Dokument für Ludwig Thoma und seine Zeit von besonderer Bedeutung ist.

Dabei wäre das Urteil samt den übrigen Gerichtsakten vor dem Zweiten Weltkrieg leicht in den Archivbeständen der württembergischen Justiz zu finden gewesen, erst die Luftangriffe im Zweiten Weltkrieg haben es vernichtet. Vielleicht darf ich daher erzählen, wie ich dennoch zu einer beglaubigten Abschrift dieses Urteils gekommen bin:

Am ehesten müßte man es, so dachte ich, in der Strafanstalt in Stadelheim wissen. Ich rief die Direktion dieser Landesstrafvollzugsanstalt (so heißt das »Unternehmen« heute) an und bat, mir doch zu sagen, aufgrund welchen Urteils Thoma damals eingesperrt worden war.

Vielleicht ließen sich wenigstens Datum und Aktenzeichen noch irgendwo finden. Die Antwort war enttäuschend: Für die Zeit vor 1910 gibt es in und für Stadelheim keine Unterlagen mehr. Nun habe ich in den Briefen Ludwig Thomas nach Anhaltspunkten gesucht. Dort entdeckte ich ein Schreiben Thomas an seinen Freund Ignazius Taschner vom 29. Juni 1905:

»Indem ich also jetzt Sträfling bin, aberst noch nicht, weil mir appellieren, und überhaupts bloß im Winter uns höchstens einsperrn lassen, möcht ich Dir schreiben, . . . also schreibe mir, wie Du es meinst, indem ich darauf sehr gespannt bin und auf die sechs Wochen überhaupts

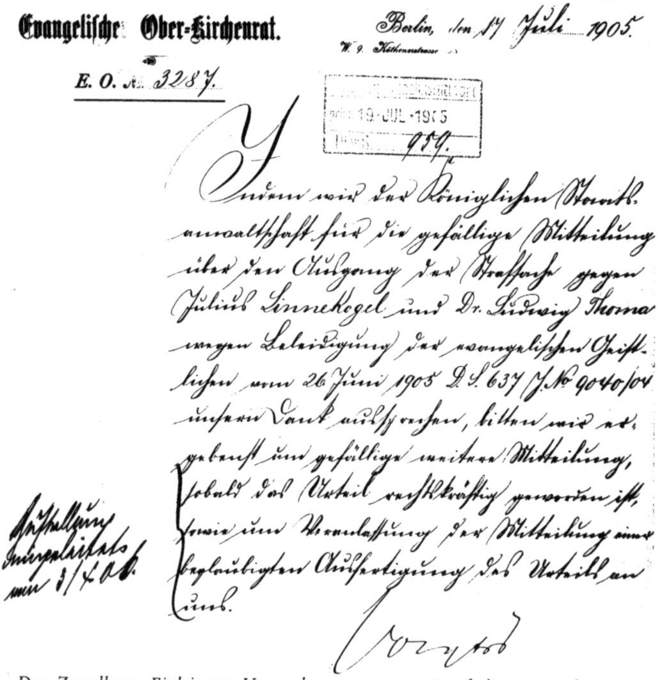
Evangelischer Ober-Kirchenrat. Berlin, den 17 Juli 1905.
W. 9. Köthenerstrasse
E. O. No 3287.

Indem wir der Königlichen Staatsanwaltschaft für die gefällige Mitteilung über den Ausgang der Strafsache gegen Julius Linnekogel und Dr. Ludwig Thoma wegen Beleidigung der evangelischen Geistlichen vom 26 Juni 1905 D. S. 637 J. No 9040/04 unseren Dank aussprechen, bitten wir ergebenst um gefällige weitere Mitteilung, sobald das Urteil rechtskräftig geworden ist, sowie um Veranlassung der Mitteilung einer beglaubigten Ausfertigung des Urteils an uns.

Zustellung eingeleitet am 3/4 06.

Der Zustellungs-Einleitungs-Vermerk vom 3. 4. 1906 auf dieser »ergebensten« Anfrage des Evangelischen Ober-Kirchenrates in Berlin war für den Buchautor der entscheidende Hinweis auf das einzige noch vorhandene, seit 1906 unentdeckt gebliebene Exemplar des Strafurteils gegen Thoma.

scheiße, weil mir nichts daran liegt, bloß daß es keine Madeln nicht gibt im Gefängnis und rauchen darfst auch nicht und überhaupts keine Lebensgenüsse nicht haben. Die schwäbischen Rindviecher können mich ...«

Nun wußte ich also, daß es offenbar württembergische Richter waren, die Thoma verurteilt hatten, und so schrieb ich an das Baden-Württembergische Justizministerium und die Gerichtspräsidenten in Stuttgart. Ihre Antworten waren höflich, aber enttäuschend: Sämtliche Register und Akten aus der Zeit vor 1945 sind »durch Kriegseinwirkung« vernichtet worden. Möglicherweise würden aber beim Staatsarchiv im Schloß in Ludwigsburg noch Unterlagen aufbewahrt. Dort zeigte sich nun der erste Lichtstrahl. In staatsanwaltschaftlichen Restakten entdeckte ich einen Brief des evangelischen Oberkirchenrats in Berlin vom 17. Juli 1905 an die Königliche Staatsanwaltschaft in Stuttgart:

»Indem wir der Königlichen Staatsanwaltschaft für die gefällige Mitteilung über den Ausgang der Strafsache gegen Dr. Ludwig Thoma wegen Beleidigung der evangelischen Geistlichen unseren Dank aussprechen, bitten wir ergebenst um gefällige weitere Mitteilung, sobald das Urteil rechtskräftig geworden ist sowie um Veranlassung der Mitteilung einer beglaubigten Ausfertigung des Urteils an uns.«

Das Wichtigste an diesem Brief ist nun der Randvermerk des Gerichtsschreibers zu Stuttgart, der lautet: »Zustellung des Urteils eingeleitet am 3. 4. 06.«

Dort sind nun die archivalischen Bestände überraschenderweise vollständig erhalten und wohl geordnet. Kirchenarchivrat Dr. Gerhard Fischer hat mir dann die Akten herausgesucht und gestattet, das Urteil zu fotokopieren. Es ist offensichtlich das einzige Exemplar, das die beiden Weltkriege überlebt hat. Hier sein ungekürzter Wortlaut:

Ausfertigung
No. 968
Geschäftsnr. 2071

IM NAMEN DES KÖNIGS![16]

In der Strafsache
gegen

1. den 37 Jahre alten verheirateten Redakteur *Julius Linnekogel,* von Frauenfeld (Schweiz),
2. den 38 Jahre alten ledigen Schriftsteller, früheren Rechtsanwalt[17]
Ludwig Thoma von Oberammergau in Bayern
beide in München wohnhaft,

wegen Beleidigung durch die Presse

hat die II. Strafkammer des Königlichen Landgerichts zu Stuttgart in der Sitzung vom 19/26ten Juni 1905, an welcher Teil genommen haben:

1. Landgerichtsdirektor Kohlhund,
2. Landgerichtsrat Kreuser,
3. Landgerichtsrat Kleinmann, B. E.
4. Landrichter Rammenstein,
5. Amtsrichter Fromm,

als Richter[18]

Staatsanwalt Glöggler,
als Beamter der Staatsanwaltschaft,

Justizreferendär Kälber (am 19. Juni 1905)

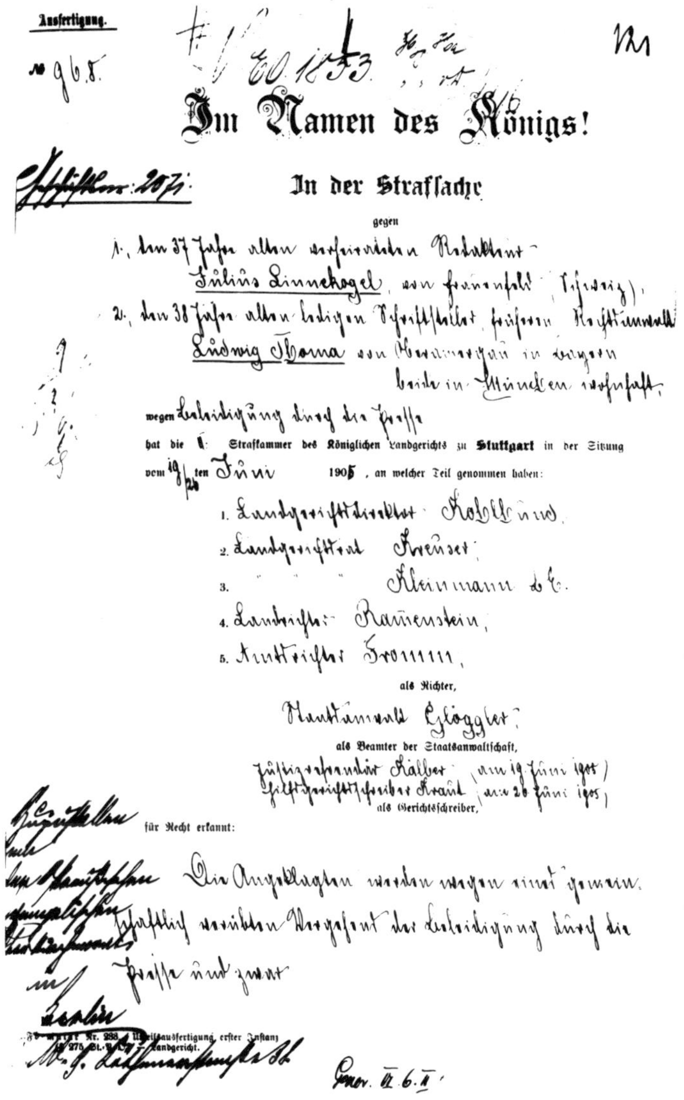
Ausfertigung.

№ 968.

Im Namen des Königs!

In der Strafsache

gegen

1., den 37 Jahre alten verheirateten Redakteur
Julius Linnekogel, von Frauenfeld (Schweiz),

2., den 38 Jahre alten ledigen Schriftsteller, früheren Rechtsanwalt
Ludwig Thoma von Oberammergau in Bayern
beide in München wohnhaft,

wegen Beleidigung durch die Presse

hat die I. Strafkammer des Königlichen Landgerichts zu Stuttgart in der Sitzung vom 19/26ten Juni 1905, an welcher Teil genommen haben:

1. Landgerichtsdirektor Kohlhaas,
2. Landgerichtsrat Kreuser;
3. " " Kleinmann d.E.
4. Landrichter Rauenstein,
5. Amtsrichter Fromm,

als Richter,

Staatsanwalt Glöggler,

als Beamter der Staatsanwaltschaft,

Justizreferendär Kalber (am 19. Juni 1905)
Hilfsgerichtsschreiber Kraut (am 26. Juni 1905)

als Gerichtsschreiber,

für Recht erkannt:

Die Angeklagten werden wegen eines gemeinschaftlich verübten Vergehens der Beleidigung durch die Presse und zwar

Urteilsausfertigung erster Instanz
Landgericht.

Einleitung und Entscheidungssatz des Strafurteils gegen Thoma vom 26. Juni 1905. Original durch Bomben im 2. Weltkrieg vernichtet. Die einzige noch vorhandene beglaubigte Abschrift (29 Seiten) entdeckte der Autor im Archiv des evangelischen Ober-Kirchenrates in Berlin.

der Angeklagte <u>Thoma</u> zu der
Gefängnisstrafe von sechs Wochen,
der Angeklagte <u>Linnekogel</u> zu der
Geldstrafe von zweihundert Mark,

beide Angeklagte außerdem zum Ersatz der Kosten des Verfahrens unter Haftung als Gesamtschuldner bezüglich der Auslagen, verurteilt.

Der amtlich vorgesetzten Behörde der Beleidigten nämlich dem preußischen evangelischen Oberkirchenrat in Berlin, wird die Befugnis erteilt, die Verurteilung nach eingetretener Rechtskraft des Urteils innerhalb zweier Wochen nach Erteilung einer Ausfertigung desselben durch je einmalige Veröffentlichung im Simplizissimus u. zwar in demselben Teile u. mit derselben Schrift, wie der Abdruck der Beleidigung geschehen war, in der Kölnischen Zeitung u. in der Norddeutschen allgemeinen Zeitung auf Kosten der Schuldigen bekannt zu machen.

Endlich wird verfügt, daß alle im Besitze des Verfassers, Druckers, Herausgebers, Verlegers befindliche

u. öffentlich ausgelegten oder öffentlich angebotenen Exemplare der No 31 des IX. Jahrgangs des Simplicissimus vom 25. Oktober 1904, sowie die zu ihrer Herstellung bestimmten Platten u. Formen, unter Beschränkung auf denjenigen Teil der Schrift u. Abbildung, auf welchem das Gedicht „an die Sittlichkeitsprediger in Köln am Rheine" sich befindet, unbrauchbar zu machen sind.

Gründe:

Die Hauptverhandlung hat folgendes Ergebnis gehabt:

I. In der Zeit vom 2.–4. Oktober, bezw. 5. u. 6. Oktober 1904 fanden zu Köln a/Rh. die XVI. allgemeine Konferenz der Deutschen Sittlichkeitsvereine u. der Internationale Kongreß gegen die unsittliche Literatur statt.
Das Program zu ersterem, unter Mitteilung der Tagesordnung, hatten
„als Vorstand der Allgemeinen Konferenz der

Hilfsgerichtsschreiber Kraut (am 26. Juni 1905) als Gerichtsschreiber,

für Recht erkannt:

Die Angeklagten werden wegen eines gemeinschaftlich verübten Vergehens der Beleidigung durch die Presse und zwar

der Angeklagte *Thoma* zu der Gefängnisstrafe von sechs Wochen,

der Angeklagte *Linnekogel* zu der Geldstrafe von zweihundert Mark,

beide Angeklagte außerdem zum Ersatz der Kosten des Verfahrens unter Haftung als Gesamtschuldner bezüglich der Auslagen, verurteilt.

Der amtlich vorgesetzten Behörde der Beleidigten, nämlich dem preußischen evangelischen Oberkirchenrat in Berlin, wird die Befugnis erteilt, die Verurteilung nach eingetretener Rechtskraft des *Urteils innerhalb zweier Wochen nach Erteilung* einer Ausfertigung desselben durch je einmalige Veröffentlichung im Simplizissimus u. zwar in demselben Teile u. mit derselben Schrift, wie der Abdruck der Beleidigung geschehen, sowie in der Kölnischen Zeitung u. in der Norddeutschen allgemeinen Zeitung auf Kosten der Schuldigen bekannt zu machen.

Endlich wird verfügt, daß alle im Besitze des Verfassers, Druckers, Herausgebers, Verlegers befindlichen u. öffentlich ausgelegten oder öffentlich angebotenen Exemplare der No. 31 des IX. Jahrgangs des Simplizissimus vom 25. Oktober 1904, sowie die zu ihrer Herstellung bestimmten Platten u. Formen, unter Beschränkung auf denjenigen Teil der Schrift u. Abbildung, auf welchem das Gedicht »an die Sittlichkeitsprediger in Köln am Rheine« sich befindet, unbrauchbar zu machen sind.

Gründe:

Die Hauptverhandlung hat folgendes Ergebnis gehabt:

I. In der Zeit vom 2.–4. Oktober, bezw. 5. u. 6. Oktober 1904 fanden zu Köln a/Rh. die XVI. allgemeine Conferenz der Deutschen Sittlichkeitsvereine u. der Internationale Kongreß gegen die unsittliche Literatur statt. Das Programm zu ersterem, unter Mitteilung der Tagesordnung, hatten

als Vorstand der Allgemeinen Konferenz der Deutschen Sittlichkeitsvereine:

Pfarrer Lic. Weber München-Gladbach
als Vorsitzender,
Pfarrer Philipps in Berlin
als stellv. Vorsitzender,
Pastor Lic. Bohn in Plötzensee bei Berlin
als Generalsekretär,[19]

die Einladung zu letzterem, unter Angabe des Programms der Verhandlungen,

Lic. Weber München-Gladbach,
W. Philipps Pastor, Plötzensee bei Berlin

je mit einer größeren, den verschiedensten Berufsklassen angehörigen Anzahl von Männern unterzeichnet und veröffentlicht (vergl. Anlage 19 u. Anlage 20 act. V. U.[20]).

Diese Einladungen enthalten die Ankündigung einer Reihe von Vorträgen, Berichten u. Ansprachen insbesondere des Vorsitzenden Lic. Weber u. des Pastors Bohn, aber auch anderer, *nicht* dem geistlichen Stande angehöriger Redner. Vergl. das (grüne) Heft: Kongreß zur Bekämpfung der unsittlichen Literatur, Berichte der deutschen u. außerdeutschen Berichterstatter von Pastor Bohn (Anlage 24 act. Strafk. Bl. 1. Seite 2). Den einleitenden

Bericht auf dem internationalen Kongreß gegen die unsittliche Literatur, der hienach als Manuskript gedruckt erschienen ist, erstattete Pastor Lic. Bohn, vergl. Beil. 1 zu Anlage 10 V. U. A., wobei er einleitend bemerkte (S. 3):

„es sei ihm eine besondere Ehre u. Freude, heute an erster Stelle reden zu dürfen u. so die Grundlage zu legen u. vielleicht den Grundton angeben zu dürfen für die Verhandlungen"

und, nach weiteren einleitenden Bemerkungen über Zweck u. Ziel des Kongresses, das Wesen der Familie, als der festen Grundlage für das Wohl des Volkes u. des Staates, über die Ehe mit *einem* Weibe – unter Exemplifizierung *auf sein eigenes Eheleben* – spricht, vergl. Seite 5/6, die Ehe in den Mittelpunkt des geschlechtlichen Lebens stellt, die Stellung zur Ehe als den Wegweiser bezeichnet, an welchem die sittliche Literatur sich von der unsittlichen scheide (vergl. Seite 13), die Anforderungen, welche in dieser Richtung an den Schriftsteller u. Dichter zu stellen seien (S. 14) bespricht und u. a. bemerkt: »wir erlauben dem Schriftsteller nur bis an die Schwelle des Ehegemachs zu gehen« (S. 17 oben) u. schließlich unter Übergang auf die in Deutschland hinsichtlich der unsittlichen Literatur u. Unsittlichkeit bestehenden Zustände sagt:

»Ich muß über mein Heimatland klagen, wie einst der Prophet über das Seinige: Der Hurereigeist hat sie verführet, daß sie wider ihren Gott Hurerei treiben.« (Vergl. S. 22). Des weiteren wurde auf dem internationalen Kongreß u. a. ein Brief des Professors Hilty aus Bern verlesen, worin dieser seine Stellung zu einzelnen insbesondere französischen Schriftstellern u. deren Werken kundgibt. vergl. Anlage 2b V. U. A. Ferner hielt der Abgeordnete O. L. G. Rat Roeren einen Vortrag über die Gesetzgebung in den verschiedenen Ländern u. stellte einige Leitsätze auf, worin u. a. der Erweiterung der Bestimmungen des deutschen Strafgesetzbuches bezüglich der Begriffsbestimmung des Wortes »unzüchtig« das Wort geredet wird.

Zum Schluß kam einstimmig eine Resolution zur Annahme, in welcher dem von O. L. G. Rat Röhren gemachten grundsätzlichen Vorschlage der Ergänzung u. Verschärfung der Gesetzgebung im In- u. Auslande zugestimmt u. der Vorstand beauftragt wird, sich mit dem »Volksbund« in Verbindung zu setzen zur Bildung einer größeren Kommission unter Hinzuziehung von Schriftstellern u. Künstlern. vergl. Anlage 10 V. U. A. Beil. 7 Spalte 3. Zu bemerken ist noch, daß u. a. Vertreter des Judentums auf dem Kongreß gesprochen haben. vergl. eod. Spalte 1.

II. In der No. 31 des IX. Jahrgangs der periodisch in Stuttgart erscheinenden illustrierten Wochenschrift »Simplizissimus« vom 25. Oktober 1904 erschien unter dem Pseudonym »Peter Schlemihl« ein Gedicht mit der Überschrift »An die Sittlichkeitsprediger i. Köln a./Rheine« darunter die Zeichnung der Karrikatur eines evangelischen Geistlichen in gleichfalls karrikierender Umrahmung (links ein Kirchlein, dann zwei Engelsfiguren in vielsagender Stellung) u. mit dem Inhalte:

»Warum schimpfen Sie, Herr Lizentiate,
Über die Unmoral in der Kemenate? . . .«

(An dieser Stelle der Urteilsbegründung folgt der genaue Wortlaut des anklagegegenständlichen Gedichts, das bereits S. 15 wiedergegeben ist.)

Wegen dieses Gedichtes hat in einem am 17. Dezember 1904 bei der K. Staatsanwaltschaft München, u. von dort am 20. Dezember bei der K. Staatsanwaltschaft Stuttgart eingekommenen Schriftsatz der evangelische Oberkirchenrat in Berlin »als amtliche vorgesetzte Behörde des Pfarrers Weber« als Vorsitzenden des Sittlichkeitskongresses in Köln *sowie* der, der evangelischen Landeskirche in Preußen angehörigen evangelischen Geistlichkeit *Strafantrag* auf Grund von §§ 185, 200, 196 Str.G.B. gestellt, auch Strafanzeige wegen öffentlicher Beschimpfung der Bibel (§ 166 Str.G.B.) erstattet. Bezüglich der Beleidigung ist in dem Strafantrag gesagt: »Daß die Religionsdiener der evang. preußischen Landeskirche durch ihr Amt zur Förderung aller auf die Hebung der Sittlichkeit u. Abwehr der Unsittlichkeit zielenden Bestrebungen in besonderem Grade berufen seien, auch die hervorragende Teilnahme des Pfarrers Lic. Weber an dem Kongresse stehe daher in nächster Beziehung zu den von ihm als Pfarrer wahrzunehmenden Berufspflichten. Aus dem Zusammenhang zwischen den Kongreßverhandlungen u. der Wahrnehmung von Berufspflichten durch die evangelischen Geistlichen entnehme das Gedicht denn auch den Anlaß zu seinen groben Beleidigungen.« vergl. Anlage 18 V. U. A.

Die Licentiaten Bohn u. Weber, beide, wie unbestritten, Angehörige u. Geistliche der evangelischen Landeskirche in Preußen, haben für ihre Person einen Strafantrag *nicht* gestellt.

Während die Angeklagten wegen eines Vergehens gegen die Religion (§ 166 Str.G.B.) mangelnden Beweises halber durch Beschluß der I. Strafkammer vom 24. März 1905 außer Verfolgung gesetzt worden sind, sind dieselben angeklagt, sie haben in gemeinschaftlicher Ausführung der Tat: Linnekogel als verantwortlicher Redakteur des Simplizissimus, Thoma als Verfasser, durch Veröffentlichung des in der No. 31 des IX. Jahrgangs dieser periodischen Druckschrift abgedruckten Gedichts »An die Sittlichkeitsprediger in Köln a./ Rheine« u. zwar durch die Worte »gnadentriefende Schöpsenkeule, evangelische Unschlittkerze, Pastoren-Kaninchentrieb, multiplizierter Kindererzeuger, gottesseliger Bettbesteuger, jammerseliges Sündenpflaster« die Pastoren u. Licentiaten Bohn u. Weber als Referenten bezw. Vorsitzende bei dem Kongreß etc. vorsätzlich u. rechtswidrig in Beziehung auf ihren Beruf beleidigt §§ 185, 200, 47 Str.G.B. u. § 20 des Reichspreßgesetzes.

III. Die Angeklagten haben nun unter Übernahme der Verantwortlichkeit für die Veröffentlichung des Gedichtes in Wort u. Bild, Linnekogel als verantwortlicher Redakteur, Thoma als Verfasser, über die Anklage sich im wesentlichen dahin geäußert u. äußern lassen:

Es werde bestritten, daß eine Beleidigung der evangelischen Geistlichen bezweckt gewesen sei. Das sei eine Fiktion. Das Wort »Sittlichkeitsprediger« beziehe sich auf die Richtung, nicht auf den Beruf, es seien damit auch die nicht-Geistlichen Teilnehmer des Sittlichkeitskongresses gemeint. Es sei nicht eine besondere Aufgabe der Geistlichen allein, die Sittlichkeit zu fördern. Insbesondere die Art der Auslassungen auf dem Kongreß habe den Zorn u. kräftige Reaktion erweckt. Der Ruf nach einer neuen Auflage der lex Heinze stecke im Hintergrund dieser Auslassungen. Das Stärkste habe sich aber Licentiat Bohn geleistet, mit der Anklage gegenüber dem deutschen Volke: »seine Heimat sei verhurt!« Hier sei eine möglichst wirksame Abwehr am Platze gewesen u. als wirksamstes Mittel anstatt prosaischer Erwiderungen hiezu von Thoma die Form des satirischen Gedichtes, die Lächerlichmachung der fraglichen Ansichten gewählt worden. In der Überschrift habe er (Thoma) sich allgemein an die Sittlichkeitsprediger gewendet, im Inhalte des Gedichtes an *Bohn* u. zwar an diesen zugleich, als an den typischen Vertreter der auf dem Kongreß kundgegebenen Ideen, nicht aber als Geistlichen. Das Gedicht sei nach den Grundgesetzen der Dichtung, der Satire zu beurteilen, das einzelne Wort nicht gewählt, um die Person zu verletzen, sondern um ihre Anschauungen ins Lächerliche zu ziehen. Die einzelnen Worte seien auch formell nicht beleidigend, sondern Übertreibungen zu dem genannten Zwecke.

Die Zulässigkeit des vom evangelischen Oberkirchenrat gestellten Strafantrags sei zu bestreiten, eine Beleidigung in Beziehung auf den *Beruf* liege keinesfalls vor, zu letzterem gehöre die Teilnahme auf Sittlichkeitskongressen nicht; Lic. Weber sei ein bekannter Agitator auch auf anderen Gebieten, er habe erst in jüngster Zeit auf der Hauptverhandlung des Flottenvereins in Stuttgart u. dem sozialen Kongreß in Hannover gesprochen. Wenn also nicht *Freisprechung* aus materiellen Gründen, so wäre *Einstellung* des Verfahrens mangelnden Strafantrags halber auszusprechen.

IV. Hinsichtlich der Feststellung, ob das unter Anklage gestellte Gedicht eine Beleidigung enthält, *wer* als durch dasselbe als beleidigt anzusehen ist, u. ob im Hinblick auf den nicht von den angeblich durch das Gedicht beleidigten Personen, sondern von der amtlich vorgesetzten Behörde der letzteren gestellten Strafantrag die strafrechtliche Verfolgbarkeit u. Verurteilung der Angeklagten erfolgen konnte, war das Gedicht als eine *einheitliche* Kundgebung aus seinem *ganzen* Inhalt u. Zusammenhang heraus, wie nach seiner Form u. seiner Entstehungsgeschichte zu prüfen u. zu beurteilen. Für die Entscheidung des Strafrichters kam dabei allein *die* Frage in Betracht, ob der Verfasser des Gedichts diejenige Grenzlinie überschritten hat, welche vom Strafgesetz in seinen Bestimmungen über das Gebot der Achtung der *Ehre* des Nebenmenschen, als eines Attributs seiner Persönlichkeit, gesteckt ist.

Wie sich schon aus der *Überschrift* des Gedichtes ergibt, so nimmt dasselbe seinen Anlaß aus dem Sittlichkeitskongreß in Köln u. seinem Verlaufe, sowie aus den von den Leitern u. Rednern bei demselben ausgesprochenen Anschauungen. Als den mit der Fassung u. Veröffentlichung des Gedichtes verfolgten *Zweck* – nach Inhalt u. Form – haben die Angeklagten aber selbst den bezeichnet, *nicht* die Ideen der genannten Personen in *ernsthafter* u. *sachlicher* Weise zu bekämpfen, sondern dieselben damit *lächerlich zu machen.*

Hiebei ist aber der Angeklagte Thoma als Verfasser des Gedichtes weit über das Maß des gesetzlich Zulässigen hinausgegangen. Denn durch das ganze Gedicht, einschließlich des darüber gestellten Bildes zieht sich der, eine Beleidigung im Sinne des § 185 Str.G.B. enthaltende, Vorwurf u. die Unterstellung frömmelnder *Heuchelei,* sofern darin, insbesondere in den Ausdrücken: *gnadentriefende Schöpsenkeule, Pastoren*-Kaninchentrieb[21], *gottesseliger* Bettbesteuger, *jammerseliges* Sündenpflaster in Verbindung mit der hier besonders ins Gewicht fallenden *Schlußstrophe* die Insinuation u. der Vorhalt zu erblicken ist, die Ausführungen auf dem Kongresse stehen in bewußtem Widerspruch mit u. im Gegensatze zu, insbesondere zu dem *eigenen ehelichen Geschlechtsleben* des in 1. Linie darin apostrophierten Licentiaten. Zugleich aber enthalten diese Wendungen eine Reihe von, auf die Absicht *der Verhöhnung* u. *Verächtlichmachung* Anderer hinweisende(n), *formell* grobe(n) Ausfälle(n), sonach gleichfalls eine Beleidigung i. S. des § 185 Str.G.B. Daß sich der Angeklagte Thoma des beleidigenden Charakters dieser Ausfälle aber auch *bewußt* war, bedurfte bei seinem Bildungsgange als Schriftsteller u. insbesondere als früherer Berufsjurist, keiner weiteren Ausführung. An dieser Auffassung vermochten weder die Bekundungen u. Ausführungen der von dem Angeklagten in die Sitzung gestellten Sachverständigen über die behauptete Notwendigkeit einer kräftigen Reaktion gegen die Verhandlungen des Sittlichkeitskongresses, noch die Verteidigung des Angeklagten, daß er seiner Individualität u. der Richtung des Simplizissimus entsprechend eine wirksame *Satire* habe schreiben wollen, etwas zu ändern. Das Recht einer Gegenkundgebung gegen den Kongreß sowohl, als die Wahl der sprachlichen Form derselben, blieb dem Angeklagten an sich völlig unbenommen. Aber auch in der Form des satirischen Gedichts durfte er nicht *aus*arten in ehrenrührige Beschimpfungen, in Verhöhnung der *Persönlichkeit* seiner Gegner; die Satire unterliegt wie jede andere Form sprachlicher Gedankenäußerung den allgemeinen Gesetzen über die Pflicht der Achtung der Persönlichkeit, der Ehre des Nebenmenschen. Wenn der Angeklagte aber der Meinung gewesen sein sollte, er dürfe in der gewählten Form eines satirischen Gedichts in dem Zwecke seine Gegner lächerlich zu machen, weiter gehen, als in einer anderen Form sprachlicher Gedankenäußerung, sie verhöhnen u. beschimpfen, so wäre dies ein unbeachtlicher Rechtsirrtum.[22]

V. Wenn man aber auch keineswegs verkannt hat, daß für den Angeklagten als Schriftsteller u. Mitarbeiter einer periodischen Druckschrift von der Art u. Richtung des Simplizissimus, auch wenn dieser auf dem Sittlichkeitskongreß speziell nicht angegriffen worden sein sollte, an sich Veranlassung gegeben gewesen *wäre,* die Bestrebungen des Kongresses, insbesondere in Absicht auf die befürchtete Erweiterung u. Verschärfung der Strafgesetzgebung auf dem Gebiete des »Unsittlichen« oder »Unzüchtigen« zu bekämpfen, so war man doch überzeugt, u. hat festgestellt, daß es der Zweck des *vorliegenden,* unter Anklage gestellten Gedichtes *nicht* gewesen ist, solche jedenfalls als *subjektiv* berechtigt anzuerkennende Interessen zu vertreten. Vielmehr wollte der Angeklagte, der selbst einräumt, er habe sich den Zorn über die Anmaßung der Sittlichkeitsprediger, insbesondere des Licentiaten Bohn, von der Leber schreiben wollen, lediglich diese lächerlich machen, verhöhnen, beschimpfen, ihnen seine Geringschätzung bezeugen. Diese *Absicht* der *Beleidigung* ergab sich gleichermaßen aus den formalen groben Ausfällen in dem Gedicht, wie sie oben speziell mehrfach genannt sind u. welche an Bedeutung dadurch nichts verlieren, daß sie nicht allein u. für sich, sondern innerhalb eines satirischen Gedichts gebraucht sind. Dem Angeklagten war deshalb bezüglich dieses Gedichtes der Schutz des § 193 Str.G.B.[23] zu versagen.

VI. Anlangend aber die Frage, *wer* durch die vorstehend festgestellte Beleidigung als betroffen anzusehen sei, so hat man weiter festgestellt, daß die allgemeine Überschrift des Gedichts »an die Sittlichkeitsprediger in Köln a/Rheine«, worin die Einschränkung liegt, daß andere Personen, als diejenigen, welche auf dem Kongreß in irgend welcher Weise tätig gewesen sind, *nicht* gemeint seien, eine weitere Beschränkung findet in dem *Gesamtinhalte des Gedichts selbst,* u. zwar dahin, daß damit in erster Linie der *Licentiat Bohn, dieser aber nicht allein,* sondern nur als typischer Vertreter der auf dem Kongreß zu Tage getretenen Ideen und der Anhänger dieser Ideen, insoweit sie *dem Stande der evangelischen Geistlichen* angehören, betroffen werden sollte(n). Darauf weist nicht nur das Gedicht nach seinem Sinne und in seinem Zusammenhange mit der Notwendigkeit hin, sondern es erhält besonders auch durch das *Titelbild,* sowie einzelne Wendungen und Ausdrücke wie: »Jeremiä und Ezechiel Jünger, *Pastoren*-Kaninchentrieb, evangelische Unschlittkerze, gottesselig, jammerseliges Sündenpflaster«, sein charakteristisches Gepräge als eine gegen die *evangelischen* Pastoren des Kongresses gerichtete Auslassung. Da nun aber weder Bohn und Weber noch ein anderer der auf dem Kongreß mitwirkenden und zugegen gewesenen Pastoren *für sich* Strafantrag (gemäß § 194 Str.G.B.)[24] gestellt hat, so ist die strafrechtliche Verfolgbarkeit der Beleidigung nur hinsichtlich derjenigen Geistlichen möglich, als deren amtlich vorgesetzte Behörde der preußisch evangelische Oberkirchenrat u. zwar, wie festgestellt, rechtzeitig und in *zuständiger* Weise, vergl. E. R. G. Bd. XII. S. 307[25], XXIX S. 204[26], Strafantrag gestellt hat.

Bezüglich dieses, gemäß § 196 Str.G.B. gestellten Strafantrags der amtlich vorgesetzten Behörde war nun aber weiter zu prüfen, ob die Beleidigung gegen die genannten Religionsdiener, *während sie in Ausübung ihres Amtes begriffen waren,* oder in *Beziehung auf ihren Beruf begangen worden ist.* Denn nur wenn eine dieser Voraussetzungen zutrifft, ist das Strafantragsrecht der amtlich vorgesetzten Behörde auch gesetzlich begründet.

Die *erste* Alternative kam *nicht* in Betracht.

Es war deshalb auch der diesbezüglich von der Verteidigung eventuell gestellte Beweisantrag dafür, daß die Teilnehmer an dem Sittlichkeitskongresse, soweit sie dem evangelischen Geistlichenstande Preußens angehören, keine Diäten für die Beteiligung an dem Kongresse bezogen haben, unerheblich.

Dagegen hat die Strafkammer die *zweite* Alternative bejaht, sofern man den ursächlichen Zusammenhang zwischen der beleidigenden Kundgebung der Angeklagten und dem Berufe der davon betroffenen Religionsdiener darin gesehen hat, daß in dem Gedicht selbst, zunächst in seinem Titelbilde und dann in den Wendungen: »*Ezechiel* und *Jeremiä Jünger,* warum beschmeußen Sie uns mit dem *Bibeldünger? Pastoren*-Kaninchentrieb, *gottesseliges Sündenpflaster*«, auf den *Beruf* der Religionsdiener, wenn auch nur auf ein *entstelltes Bild* ihrer Berufsauffassung unverkennbar bewußt und gewollt hingewiesen ist. Damit ist aber die Beziehung der Beleidigung auf den *dienstlichen Beruf* im Sinne des § 196 Str.G.B. gegeben. Das Gesetz hat die Art der Beziehung, welche zwischen der beleidigenden Kundgebung und dem *Berufe* erfordert wird, nicht näher bezeichnet, daher muß *jede* Beziehung als ausreichend und die *Art* der Beziehung als rechtlich bedeutungslos erachtet werden (E. R. G. Bd. 25 S. 160).[27]

VI. [28]Der Angeklagte *Linnekogel,* welcher sich als verantwortlicher Redakteur des Simplizissimus bekannt hat, hat sich darauf beschränkt, gleich wie der Verfasser des Gedichts, das Vorhandensein einer Beleidigung zu bestreiten, dagegen keine besonderen Umstände geltend gemacht, durch welche die Annahme seiner Täterschaft ausgeschlossen würde (§ 20 Abs. 2 Preßgesetzes).

Auch bezüglich dieses Angeklagten wurde das Bewußtsein und die Absicht der Beleidigung und zwar einschließlich ihrer Beziehung auf den festgestellten Personenkreis und dessen *Beruf,* als erwiesen angenommen und ihm aus denselben Gründen, wie dem Angeklagten Thoma der Schutz des § 193 Str.G.B. versagt. Die Veröffentlichung des Gedichts kam durch das bewußte und gewollte Zusammenwirken des Angeklagten Thoma, als des Verfassers, und des Linnekogel, als des verantwortlichen Redakteurs, zustande. Beide erscheinen deshalb als *Mittäter* der verübten Beleidigung im Sinne des § 47 Str.G.B.

Es rechtfertigte sich deshalb die Schlußfeststellung, die Angeklagten haben im Oktober 1904 zu Stuttgart in gemeinschaftlicher Ausführung der Tat durch die Veröffentlichung des mehrfach genannten Gedichts in der periodischen Druckschrift »Simplizissimus« die Geistlichen der evangelischen Landeskirche in Preußen soweit sie auf dem Sittlichkeitskongresse tätig und zugegen gewesen sind, darunter die Licentiaten Bohn und Weber vorsätzlich und rechtswidrig beleidigt und sich dadurch, da es sich um eine tatsächliche und rechtlich *einheitliche*

Kundgebung handelt, *eines* Vergehens der gemeinschaftlich begangenen (öffentl.) Beleidigung i. S. von §§ 185, 200, 47 St.G.B. vergl. mit § 20 des Reichspreßgesetzes schuldig gemacht. Sie waren deshalb, insoweit die verübte Beleidigung als durch den Strafantrag gedeckt anzusehen war, zur Strafe zu ziehen.

VII. Anlangend die *Strafausmessung*, so hat man die bisherige Straffreiheit der Angeklagten und den Umstand, daß dieselben, speziell der Verfasser Thoma, insbesondere auch durch die Form und Art, in welcher die Anschauungen eines Teils der Kongreßmitglieder zum Ausdruck gebracht worden sind, als Anhänger u. Vertreter einer *anderen* Richtung gereizt gewesen sein mochten, wie sich auch aus den Ausführungen der Sachverständigen entnehmen ließ, insbesondere bei der *Strafart* zu würdigen gehabt.

Wenn man trotzdem auf eine Gefängnisstrafe erkannt hat, so hat man berücksichtigt einmal

1. die *Schwere* der den Betroffenen in Beziehung auf ihren *Beruf* zugefügten Beleidigung,
2. die Häufung der beleidigenden Ausdrücke,
3. die Mehrheit der Beleidigten.

Hienach kam man zu der Überzeugung, daß die Verschuldung des Angeklagten Thoma, als des Verfassers des Gedichts, durch eine Geld*strafe* in ausreichender Weise *nicht* gesühnt würde und hat deshalb auf eine *Gefängnisstrafe* und zwar in der Dauer von sechs Wochen, bei dem Angeklagten Linnekogel dagegen, dessen Tätigkeit und Teilnahme an dem verübten Delikt erheblich geringer anzuschlagen war, nur auf eine *Geldstrafe*, jedoch in Höhe von zweihundert Mark erkannt.

Außerdem war gemäß § 200 St.G.B. dem preuß. evangel. Oberkirchenrat in Berlin die Veröffentlichungs-Befugnis, so wie geschehen, zuzuerkennen (vergl. E.R.G. XIV. S. 327)[29] u. die durch § 41 St.G.B.[30] gebotene weitere Verfügung zu treffen.

Bezüglich der Kosten des Verfahrens waren die Bestimmungen in §§ 497, 498, Abs. 2 Str. P.O.[31] maßgebend.

(gez.) Kohlhund, Kreuser, Kleinmann, Rammenstein, Fromm

(Dienst- siegel: K. Württ. Landgericht Stuttgart)	Zur Beglaubigung Gerichtsschreiberei (des) K. Landgerichts: *Preyhs*

Rechtskraft des Urteils wird mit dem Anfügen bescheinigt, daß die Revision der Angeklagten durch Urteil des I. Strafsenats des Reichsgerichts vom 8/22. Februar 1906 verworfen worden ist.

(Dienst- siegel: K. Württ. Landgericht Stuttgart)	Stuttgart, den 31. Maerz 1906. Gerichtsschreiberei des Kgl. Landgerichts *Preyhs*

Das Revisionsverfahren vor dem Reichsgericht

Was ging inzwischen in Ludwig Thoma vor?

Widerspruchsvolle Überlegungen und Gefühle werden erkennbar, wenn man die verschiedenen Äußerungen Thomas zu diesem Urteil nachliest. Da die Öffentlichkeit offenbar eine Äußerung erwartete, schrieb er, noch bevor die schriftliche Urteilsbegründung überhaupt zugestellt war, an die Redaktion der »Münchner Neuesten Nachrichten« einen Brief[32], der recht wenig überzeugend und ziemlich verärgert klingt, kein forensisches Meisterwerk und keine souveräne Antwort eines wortmächtigen Schriftstellers:

Geehrte Redaktion!

Die fünf Berufsrichter in Stuttgart haben mich zu sechs Wochen Gefängnis verurteilt, weil ich die ganze Geistlichkeit beleidigt habe.

Ich sage mir, davon müßte ich doch eigentlich auch etwas wissen. Ich habe im letzten Herbst aus Aerger über einige Reden, die auf dem Kölner Kongresse gehalten wurden, ein Gedicht gemacht; ich hatte die Aeußerungen eines gewissen *Bohn* im Gedächtnisse. Er sagte, daß ganz Deutschland verhurt sei etc. Dabei sprach er selbst mit sattem Lächeln von den Freuden, die er bei seinem »herrlichen Weibe« erdulde usw. Und dies vor einigen tausend Menschen, die er nicht kannte.

Dann Bemerkungen über Goethe, Zola, Maupassant von anderen Helden vorgebracht, alles das hat mich veranlaßt, in gereimter Form anzufragen, wer solchen Menschen das Recht gibt, drei Tage lang die deutsche Schulbildung an den Pranger zu stellen.

Und damit habe ich die gesamte Geistlichkeit beleidigt, sagen die fünf Berufsrichter. Zwar habe ich das Gedicht mit der Ueberschrift versehen: »An die Sittlichkeitsprediger in Köln«, und auch die fünf Berufsrichter erkannten daraus ganz richtig, daß der »untenstehende Text« in einem gewissen Zusammenhange mit dem Kölner Kongresse stand.

Nach geschlagenen acht Tagen fanden sie, daß man die gesamte Geistlichkeit meint, wenn man sich z. B. auch über die Reden eines Kolportagebuchhändlers äußert. Zwar hat nicht einmal der Staatsanwalt behauptet, daß *die* Geistlichkeit beleidigt wurde; er meinte, nur die geistlichen Redner in Köln seien angegriffen.

Er wollte darlegen, daß die Ferienrede des Herrn Bohn eine priesterliche Amtstätigkeit bedeutete.

Weil nämlich ein Priester überall den priesterlichen Beruf ausübt, wenn er schimpft. Die Sakramente darf er hingegen nur im engen Pfarrbezirke spenden.

Der Pastor von Wilmersdorf kann z. B. in Schöneberg nicht konfirmieren, aber der Lizentiat Bohn aus Berlin kann in Köln loslegen, und wenn er dabei erzählt, daß er des Morgens wie ein Held aus seiner ehelichen Kammer schreitet, so befindet er sich mit dieser Anpreisung seiner Mannbarkeit in Ausübung des priesterlichen Berufes ebenso, als wenn er sagt, daß die anderen Deutschen verhurt seien.

Dies versuchte der Herr Staatsanwalt zu beweisen. Die fünf Berufsrichter gingen noch weiter. Sie finden – ich weiß nicht in der Rede oder in der Person des Lizentiaten Bohn – die gesamte Geistlichkeit vertreten.

Ich habe mich bemüht, der Wahrheit entsprechend, den Herren klar zu machen, daß ich einen Lizentiaten anredete, weil ein Lizentiat sich am meisten hervortat und weil ich als typischen Vertreter der in Köln geoffenbarten Muckerei nicht einen Buchhändler und vorerst nicht einen Landgerichtsrat darstellen konnte. Vielleicht haben mir die Herren keinen Glauben geschenkt.

Angeklagte lügen ja immer; wenigstens Einbrecher und ähnliche.

Das wissen alte Richter, welche man nicht hinter's Licht führen kann. Diese Erkenntnis haben sie als gewiegte Juristen sich erworben. Und wer kann verlangen, daß die Herren eine berufliche Lebensanschauung aufgeben, nur weil unter dem Buchstaben T. zufällig ein Preßvergehen mit unterlief?

Freilich meinten viele mit mir, daß die Meinung des Gedichtes in diesem selbst mit einiger Klarheit ausgedrückt ist, und daß sich die »gesamte Geistlichkeit« bedanken dürfte, vor diese Herren, die in Köln waren, als Kugelfang hingestellt zu werden.

Aber die fünf Herren, die fanden es eben. Wie sagen sie so schön? »Daß ich als früherer Jurist die Angriffe in meinem eigenen Gedichte erkennen mußte!«

Die Herren glauben also, daß ein Jurist bessere Einsicht und mehr Verstand hat wie der gewöhnliche Mensch. Ich kann diese Ansicht nicht teilen.

Nicht einmal nach diesem Urteile, welches mich übrigens – und das melde ich allen teilnehmenden Freunden – im *Zustand einer furchtbaren Wurstigkeit antraf* und »daselbst beließ«.

Um mich juristisch auszudrücken.

Ludwig Thoma.

Daß ihm an der Wirkung auf das Publikum aber doch sehr viel lag, bestätigt Ludwig Thoma selbst in einem Brief vom 29. Juni 1905 an Haußmann:

»Zum Schlusse danke ich Ihnen, auch Ihrem Bruder,

herzlich für die Verteidigung. Ich glaube, wir haben vor der Öffentlichkeit gut abgeschnitten. Alles andere ist wurscht.«

Auch unter Freunden tat er so, als ob ihm das Urteil relativ gleichgültig wäre; wir haben es eingangs in dem Brief vom 29. Juni 1905 an seinen Freund Ignazius Taschner gelesen. An Dagny Langen schreibt er am 10. Juli 1905, also etwa zwei Wochen nach dem Urteil:

»Das Urteil hat mich nicht gewundert, und ich kann es den Leuten nicht verargen, daß sie Gebrauch machen von der einzigen Waffe, die sie besitzen. – Ich ertrage die Sache so gelassen, wie ein Mann, der einen Roman und damit ein gutes Stück Arbeit hinter sich hat. Und der weiß, daß er noch dieses gesegnete Jahr manchen guten Hirsch und Rehbock schießt. Grüßen Sie, bitte, das liebe Paris.«

In Wirklichkeit bemühte sich Thoma beim Reichsgericht in Leipzig um eine Revision des Urteils. Rechtsanwalt und Notar Wolfgang Haußmann, der noch lebende Sohn des Verteidigers Conrad Haußmann, hat mir einen bisher unveröffentlichten Brief Thomas vom 20. Januar 1906 zur Verfügung gestellt; er beschäftigt sich auf vier Seiten mit Revisionsfragen, die man bei der nun für 8. Februar 1906 anberaumten Verhandlung in Leipzig aufwerfen wollte. In diesem Brief schreibt Thoma an seinen Verteidiger:

»Bernstein hat Dir auch Kenntniß davon gegeben, daß Bohn selbst erklärte, er habe sich von der Pastorei zurückgezogen, um ganz Generalsekretär sein zu können.

Darf ich folgendes fragen: Kannst Du beim Reichsgericht nicht kühnlich behaupten, daß Bohn in keinem Verhältnisse zum Oberkirchenrathe steht; und Deine Behauptung stützen 1. auf die eigenen Worte Bohns, 2. auf die Thatsache, daß Bohn in keinem geistlichen Hand- oder Adreßbuch aufgeführt ist? (Unser Leipziger Commissionär Kittler schreibt uns das) Bohn ist aber der im Gedichte genannte Lizentiat.

Für alle Fälle müßte doch das Reichsgericht finden, daß es Sache des Staatsanwaltes und des Gerichtes war, sich Gewißheit zu verschaffen. Ein angehängtes Notabene ist, daß Bohn seine Pastorei in Sulzbach, Oberpfalz, aufmachte und dort die Tochter des Verlegers des Sulzbacher Kalenders heirathete. Wann und wo er in die Dienste des preußischen Herrgotts trat, ist mir nicht bekannt. Ich brauche es ja auch nicht zu wissen.[33] Ich meine also, Du kannst die Luderlichkeit des Gerichtes, ein Zugeständniß in unserem Schweigen zu sehen, gut herausstreichen. Exempla trahunt. Bestreite auch kecklich, daß Weber noch dient. Kann denn ein emeritirter Pastor noch durch die vorgesetzte Behörde gedeckt werden? – Hier ist es prachtvoll; was kümmern mich Gesetz und Rechte?«

Den Juristen Thoma und Haußmann konnte nicht gut entgangen sein, daß die Chancen für eine Revision beim Reichsgericht gering waren. Daher verwundert es, daß nicht wenigstens Haußmann, der als Politiker und Parteimann doch über das bei Anwälten übliche Maß hinaus darin geschult war, Auswege zu finden und Pannen durch Vergleichsverhandlungen zu vermeiden, auf die Idee kam, mit der »Gegenseite« in Verhandlungen über die Rücknahme des Strafantrags einzutreten. Diese alte, im Anwaltsalltag immer wieder praktizierte und bewährte Erledigung von Beleidigungsfällen war auch damals nicht unbekannt und vom Gesetz ausdrücklich zugelassen. Wenn Thoma eine rehabilitierende Erklärung abgegeben hätte, dann hätten die Kirchenbehörden aller Voraussicht nach sich damit zufriedengegeben und ihren Strafantrag zurückgenommen. Es findet sich aber nirgendwo ein Anhaltspunkt dafür, daß Thoma oder Haußmann eine solche Lösung auch nur versucht hätten. Das legt den Verdacht nahe, daß Thoma sich, vielleicht im Interesse der Werbung für den »Simplicissimus«, ganz gern ein wenig als Märtyrer einsperren lassen wollte.

Am 8. Februar hat Verteidiger Haußmann die von Thoma empfohlenen Hinweise in der mündlichen Revisionsverhandlung in Leipzig vorgetragen. Der beleidigte Pastor Friedrich Bohn saß dabei als höchst interessierter Zuhörer mit im Gerichtssaal. Als er erfuhr, daß möglicherweise der Strafantrag nicht wirksam gestellt sei, schrieb er drei Tage später am 11. Februar einen zweiseitigen Brief an den Preußischen Oberkirchenrat. Auch dieser Brief ist erhalten, sozusagen als authentischer Prozeßbericht von der Gegenseite. Bohn schreibt:

»Darf ich über die Revision des Prozesses Thoma – Linnekogel folgende Mitteilung machen: . . . ›Der Verteidiger machte geltend: Nur die auf dem Kongreß gewesenen Geistlichen, deren vorgesetzte Behörde der Preußische Oberkirchenrat ist, seien beleidigt. Es sei aber nicht festgestellt, daß andere Geistliche als Weber und Bohn auf dem Kongresse waren.‹

Für den Fall, daß über diesen Punkt eine Anfrage an den hohen Oberkirchenrat kommt, überreiche ich Ew. Excellenz die Einladungen und Programme aus Köln und Magdeburg, aus denen die Beteiligung zahlreicher Geistlicher an unserer Konferenz hervorgeht.

Der Verteidiger behauptete ferner: ›Bohn sei gar nicht mehr Geistlicher, und der Strafantrag der Behörde decke ihn nicht.‹

Dieser Punkt erledigt sich durch die Hergehörigkeit der Arbeiter der äußeren und inneren Mission zum geistlichen Stande. Wir betrachten unsere Arbeit als einen Zweig der inneren Mission, und unsere Arbeit wird nur durch die vom hohen Oberkirchenrat gewährte Kollekte ermöglicht. In meiner Eigenschaft als Geistlicher predigte ich in letzter Zeit in Cassel, Leopoldshall, Stolp, Belgard,

Stargard und werde am 18. Februar in Erfurt predigen.

Da durch das schwebende Verfahren des Staatsanwaltes die Klagefrist verlängert ist, wäre es vielleicht gut, wenn ich noch Privatklage wegen Beleidigung stellen würde . . .«

Dazu ist anzumerken, daß Bohn ursprünglich keinen Strafantrag im eigenen Namen gestellt hatte, was immerhin möglich gewesen wäre. Es schien ihm damals wohl eindrucksvoller, wenn seine Behörde das für ihn tat. Freilich täuscht sich Bohn über die Möglichkeiten der Prozeßordnung. Privatklage hätte er jetzt nachträglich nicht mehr stellen können, da er die ursprüngliche dreimonatige Strafantragsfrist versäumt hatte.

Bohn und seiner Familie ging die Sache ziemlich an die Nerven. Das hat mir Dr. Wolfgang Bohn, der in München lebende Sohn des 1946 verstorbenen Lizentiaten, in lebhaften Farben geschildert. Er weiß noch recht gut, wie die »seinerzeitige Sache« die ganze Familie jahrelang bedrückt hat, die sich regelrecht diffamiert vorkam. Dazu kommt, daß der Lizentiat Bohn offenbar keineswegs sich passiv verhalten, sondern seinerseits den »Simplicissimus«, wo immer er nur konnte, angegriffen hat. Ein Schlaglicht aus dieser Situation bringt ein ganzseitiges Beiblatt, das zwischen der Verkündung des Stuttgarter Urteils und der Revisionsverhandlung in Leipzig im »Simplicissimus« Nr. 32 des Jahrgangs 1905 erschienen ist und folgenden ungewöhnlichen Wortlaut hat:

»In eigener Sache. Der Licentiat Bohn aus Elberfeld sagte am 12. Oktober dieses Jahres in einer Versammlung in Bremen, daß durch die Inserate im ›Simplicissimus‹ ›Schmutz ins Land getragen‹ würde. Er habe die Beweise in Händen. Der ›Simplicissimus‹ hat, wie ich nachweisen kann, seit Jahren jedes auch nur anstößig scheinende Inserat strenger zurückgewiesen als selbst konservative Familienblätter. Nicht etwa aus Prüderie, sondern weil er als politisches und soziales Kampfblatt verlogenen Mukkern nicht ein billiges Agitationsmittel in die Hände geben wollte. Wenn der Licentiat Bohn trotzdem dieses Mittel gebraucht, so lügt er. Wenn er den Mut hat, mich zu verklagen, so weise ich ihm die Lügen nach und berichte an dieser Stelle über den Ausgang des Prozesses. Albert Langen.«

Weiteres dazu konnte ich nicht in Erfahrung bringen, es scheint jedenfalls in diesem Zusammenhang zu keinem Prozeß gekommen zu sein.

Zwischen der mündlichen Revisionsverhandlung in Leipzig und der Urteilsverkündung schrieb Thoma am 20. Februar 1906 an Haußmann:

»Zuerst danke ich Dir herzlich für Deine Bemühungen in Leipzig. Ich sehe dem Ausgange ruhig zu, ja ich habe seit dem 8. (Februar) und Deinem Telegramm recht wenig daran gedacht. Ich denke nüchtern – oder als Jurist ›objektiv‹ darüber. Meine Ansicht ist, daß die Annahme einer Berufsbeleidigung selbst eine Beleidigung des richterlichen Berufes bildete. Wenn das Reichsgericht daran teilhaben will, bene. Die Unannehmlichkeit der Strafe kann mich nicht dazu bringen, Reue zu empfinden. Wenn auch die kleine Marion sich die Augen rot weint, muß es doch mit Humor getragen werden.«

Kurz darauf hat Leipzig gesprochen. Der Erste Strafsenat des Reichsgerichts verkündete am 22. Februar 1906 folgendes Urteil:

»Die Revisionen gegen das Urteil des Königlichen Landgerichts zu Stuttgart vom 26. Juni 1905 werden verworfen; jedem Beschwerdeführer werden die Kosten seines Rechtsmittels auferlegt.«

*

Auch der Text dieses Urteils war bisher nicht bekannt und nicht zugänglich. Ich konnte jedoch in Erfahrung bringen, daß die Restakten des Reichsgerichts, das im Frühjahr 1945 schwere Kriegsschäden erlitten hatte, beim Zentralen Staatsarchiv in Potsdam liegen könnten. Also schrieb ich dorthin. Ich hatte wieder Glück, denn das Revisionsurteil Thoma liegt tatsächlich im Zentralen Staatsarchiv in Potsdam. Die Antwort von dort ließ hoffen, daß ich eine Kopie bekommen könnte. Man wollte lediglich vorher wissen, wer der Auftraggeber meiner Nachforschungen sei und welcher Zweck damit verfolgt werde.

So erhielt ich eine Filmkopie der säuberlich handgeschriebenen acht Seiten des Revisionsurteils in Sachen Thoma – Linnekogel vom 22. Februar 1906[34]. Gleichzeitig konnte ich feststellen, daß eine gerichtlich beglaubigte Schreibmaschinenabschrift dieses Revisionsurteils in der schon mehrfach erwähnten Nachlaßsammlung der Handschriftenabteilung der Stadtbibliothek München schlummert. Diese Abschrift wurde am 23. November 1929 vom Landgericht Stuttgart gefertigt. Wer sie bestellt hat und was damit geschehen sollte, konnte ich nicht erfahren.

Die Gründe des reichsgerichtlichen Urteils lesen sich ein bißchen gezwungen und formalistisch; man hatte in Leipzig offensichtlich Mühe, über einige Unebenheiten und Ungenauigkeiten des Stuttgarter Urteils hinwegzukommen.

Da auch das reichsgerichtliche Urteil sich bisher nirgendwo veröffentlicht findet, soll es hier im ganzen Wortlaut abgedruckt werden, und zwar buchstabengenau nach der im Zentralen Staatsarchiv in Potsdam liegenden Handschrift, weil die vom Landgericht Stuttgart beglaubigte maschinenschriftliche Abschrift vom 23. November 1929 eine größere Zahl sinnstörender Schreibfehler enthält, auf die hier nicht näher eingegangen werden soll.

1 D. 1169/05.
VIII 676/06.

Im Namen des Reichs[35]

In der Strafsache gegen
1. den Redakteur Julius *Linnekogel* zu München,
2. den Schriftsteller Ludwig *Thoma* daselbst,

wegen Beleidigung,
hat das Reichsgericht, Erster Strafsenat, in der Sitzung vom 8./22. Februar 1906, an welcher teilgenommen haben[36]:
als Richter:
der Präsident Neisse
und die Reichsgerichtsräte Dietz, von Pelargus, Stock, Dr. Bernhardi, Behringer, Dr. Schmidt,
als Beamter der Staatsanwaltschaft:
der Reichsanwalt Dr. Menge,
der Kammergerichtsrat Richter,
als Gerichtsschreiber:
der Aktuar Schwenk,
auf die Revisionen der beiden Angeklagten
nach mündlicher Verhandlung für Recht erkannt:

Die Revisionen gegen das Urteil des Königlichen Landgerichts zu Stuttgart vom 26. Juni 1905 werden verworfen; jedem Beschwerdeführer werden die Kosten seines Rechtsmittels auferlegt.
Von Rechts Wegen.

Die erste der acht Seiten des handgeschriebenen Revisionsurteils des Reichsgerichts vom 22. Februar 1906, das Thomas Revision verwirft. Es war bisher verschollen und wurde mit freundlicher Mithilfe der dortigen Bibliotheksverwaltung vom Autor im Zentralen Staatsarchiv in Potsdam entdeckt. ▷

Abschrift.
1 D. [illegible]
III 676/06.

32

Im Namen des Reichs

In der Strafsache gegen
1. den Redakteur Julius Linnekogel zu München,
2. den Schriftsteller Ludwig Thoma daselbst,
wegen Beleidigung,
hat das Reichsgericht, Erster Strafsenat, in der Sitzung vom 8/22. Februar 1906, an welcher teilgenommen haben:
als Richter:
der Präsident [illegible]
und die Reichsgerichtsräte Dietz, von Schlayer, Stell, Dr. [illegible], Lehringer, Dr. Schmidt,
als Beamter der Staatsanwaltschaft:
der Reichsanwalt Dr. Hunger,
der Kammergerichtsrat Richter,
als Gerichtsschreiber:
der Aktuar Schrank,
auf die Revisionen der beiden Angeklagten
nach mündlicher Verhandlung für Recht erkannt:
Die Revisionen gegen das Urteil des Königlichen Landgerichts zu Stuttgart vom 26. Juni 1905 werden verworfen; jedem Beschwerdeführer werden die Kosten seines Rechtsmittels auferlegt.
Von Rechts Wegen.

Gründe.

I. Mit Unrecht hat der Verteidiger in seiner Revisionsschrift und in der mündlichen Verhandlung vor dem Revisionsgerichte ausgeführt, das Verfahren hätte mangels eines rechtzeitigen Straf-

Gründe:

I. Mit Unrecht hat der Verteidiger in seiner Revisionsschrift und in der mündlichen Verhandlung vor dem Revisionsgericht vorgeschützt, das Verfahren hätte mangels eines einschlägigen Strafantrags gemäß § 259 Abs. 2 der Strafprozeßordnung[37] eingestellt werden sollen, weil die Verfolgbarkeit der Angeklagten wegen Beleidigung der Lizentiaten Bohn und Weber, die ihrerseits keinen Strafantrag gestellt hätten, ganz »ausscheide«, der Lizentiat Bohn kein dem preußischen Oberkirchenrat unterstellter evangelischer Geistlicher der preußischen Landeskirche sei, die Beteiligung anderer solcher Geistlicher an der 16. allgemeinen Konferenz der deutschen Sittlichkeitsvereine und an dem internationalen Kongreß gegen die unsittliche Literatur zu Cöln vom Oktober 1904 nicht feststehe und eine Beleidigung von evangelischen Geistlichen in Beziehung auf ihren Beruf nicht gegeben erscheine.

1. Der schriftliche Strafantrag des Evangelischen Oberkirchenrats zu Berlin vom 15. Dezember 1904 erstreckt sich wörtlich auf alle »unserer Landeskirche angehörigen evangelischen Geistliche« und nennt als beleidigt mit Namen den Pfarrer Lizentiaten Weber. Da § 196 des Strafgesetzbuchs dem amtlich Vorgesetzten von Religionsdienern ein *selbständiges* Recht auf Stellung des Strafantrags einräumt, ist auf die Zulässigkeit der Strafverfolgung gegen die Angeklagten ohne Einfluß der Umstand, daß die Geistlichen, insbesondere Weber, ihrerseits keinen Strafantrag eingebracht haben.

2. Bei dem Umstand, daß der Strafantrag des Oberkirchenrats alle der preußischen Landeskirche angehörenden evangelischen Geistlichen umfaßt, erübrigt sich für die Prüfung seiner äußeren Zulässigkeit, also unbeschadet der Frage, inwieweit er *sachlich* gerechtfertigt ist, jede

Erörterung darüber, welche *einzelne* Personen zu der Zeit, wo die Tat begangen wurde, als evangelische Geistliche dem Oberkirchenrat dienstlich untergeben gewesen sind. Daher irrt der Verteidiger mit seiner Meinung, daß das – unzweifelhaft einheitliche – Verfahren ganz oder teilweise einzustellen gewesen wäre, wenn der Lizentiat Bohn schon vor Oktober 1904 aus dem preußischen Geistlichenverband ausgeschieden war, vielmehr hatte und hat auch in diesem Fall, mit Rücksicht auf die damals noch der Landeskirche angehörenden Geistlichen, das Verfahren seinen Fortgang zu nehmen. Kann demzufolge, soweit die Zulässigkeit des Strafantrag in Betracht kommt, die Zugehörigkeit des Lizentiaten Bohn zur Geistlichkeit der preußischen Landeskirche ganz dahin gestellt bleiben, so erledigt sich insoweit von selbst der Einwand des Verteidigers, daß die Strafkammer jene Zugehörigkeit lediglich zufolge eines angeblichen Geständnisses und in rechtsirriger Anwendung von Grundsätzen des bürgerlichen statt des Strafverfahrens bejaht habe. Auch bedarf keiner Untersuchung, ob die vom Verteidiger angezogene Stelle der Druckschrift »die XVI. Allgemeine Konferenz zz.« S. 15 dafür schlüssig sein mag, daß Bohn seit 1. Mai 1904 nicht mehr der Dienstaufsicht des Oberkirchenrats unterworfen ist.

3. Zugegeben werden muß dem Verteidiger, daß die Urteilsgründe nirgends mit klaren Worten die Beteiligung anderer preußischer evangelischer Geistlicher als Bohn und Weber erwähnen. Allein ihrem Zusammenhang nach gehen sie unverkennbar von einer derartigen Beteiligung aus, indem sie sagen, das Schmähgedicht des Angeklagten Thoma habe nur die Teilnehmer an dem sogenannten Sittlichkeitskongreß, und zwar »in erster Linie den Lizentiaten Bohn treffen sollen, diesen aber nicht allein, sondern nur als typischen Vertreter der auf dem Kongreß zu Tag getretenen Ideen und der Anhänger

dieser Ideen, insoweit sie dem Stand der evangelischen Geistlichen angehören«, die Angeklagten hätten sämtliche »Geistliche der evangelischen Landeskirche in Preußen, soweit sie auf dem Sittlichkeitskongresse tätig und zugegen gewesen seien, *darunter* die Lizentiaten Bohn und Weber, beleidigt« und müßten im Umfang des vorliegenden Strafantrags zur Verantwortung gezogen werden, wobei die »Mehrheit der Beleidigten« erschwerend in die Wagschale falle. Das Unterbleiben einer ausdrücklichen Feststellung über die Beleidigung zahlreicher preußischer evangelischer Geistlicher erklärt sich unschwer daraus, daß die fraglichen Versammlungen in Cöln, einer preußischen Stadt, abgehalten und, wie allgemein bekannt, von evangelischen Geistlichen aus Preußen besonders lebhaft besucht worden sind. Überdies hat laut Urteilsgründe der Verteidiger selbst in der Hauptverhandlung Beweis dafür angeboten, »daß die Teilnehmer an dem Sittlichkeitskongreß, soweit sie dem evangelischen Geistlichenstand *Preußens* angehören, keine Diäten für ihre Beteiligung an dem Kongresse bezogen haben«, ein Beweisantrag, der handgreiflich auf der Beteiligung mehrerer preußischer evangelischer Geistlicher fußt und den einschlägigen, in der Verhandlung offenbar gewordenen Standpunkt des Gerichts in das richtige Licht rückt.

4. Nicht unbedenklich mag es sein, wenn in den Urteilsgründen von einem »ursachlichen Zusammenhang« zwischen der beleidigenden Kundgebung der Angeklagten und dem Beruf der dadurch verletzten Religionsdiener die Rede ist: Ein *ursachlicher* Zusammenhang wird in den Urteilsgründen nicht bündig dargelegt. In Wirklichkeit handelt es sich jedoch nicht um eine für die Entscheidung wesentliche Lücke in der Begründung, sondern um ein unverfängliches Vergreifen im Ausdruck. Denn an anderer Stelle führen die Urteilsgründe das Entstehen des

Schmähgedichts auf das Bestreben zurück, gegen die bei den Cölner Verhandlungen hervorgetretenen zimperlichen Anschauungen Sturm zu laufen, und den »ursachlichen Zusammenhang« erblicken sie darin, daß in dem Gedicht selbst, zunächst in seinem Titelbild und dann in gewissen Wendungen, »auf den *Beruf* der Religionsdiener, wenn auch auf ein entstelltes Bild ihrer Berufsauffassung, unverkennbar bewußt und gewollt hingewiesen« sei. Damit bringen sie in hinreichend verständlicher Weise zum Ausdruck, daß den evangelischen Geistlichen als solchen nicht nur bestimmte Amtspflichten obliegen, sondern auch kraft Herkommens besondere Bezeichnungen zugebilligt und vielfach einzelne Eigentümlichkeiten nachgesagt werden, daß jene in dem Schmähgedicht gebrauchten Wendungen auf diese Amtspflichten, Bezeichnungen und Eigentümlichkeiten hinzudeuten bestimmt und geeignet gewesen sind und daß deshalb zwischen den durch die Wendungen geschehenen Beleidigungen und dem Beruf der Beleidigten eine teils nähere, teils entferntere, indessen für die Betroffenen wie für jeden Dritten wahrnehmbarer *begrifflicher* Zusammenhang besteht. Daß ein derartiger begrifflicher Zusammenhang zwischen Beleidigung und Beruf von selbst eine »Beziehung« der ersteren zum letzteren in sich schließt, bedarf keiner eingehenderen Darlegung, und da § 196 des Strafgesetzbuchs nicht eine »Beziehung« *bestimmter Art* erheischt

Entscheidungen des Reichsgerichts in Strafsachen
Band 25 Seite 157 (160)[38]

so konnten die Urteilsgründe ohne Rechtsirrtum annehmen, daß die Beleidigung »in Beziehung auf den Beruf« der Angegriffenen begangen sei. Vergebens macht der Verteidiger geltend, ein politisch hervorragender, vielfachen Angriffen ausgesetzter Rechtsanwalt könne in Beziehung auf seinen Beruf nicht beleidigt werden, wenn er in den kränkenden Kundgebungen seiner Gegner geflissentlich als Rechtsanwalt bezeichnet werde; nicht darum handelt es sich vorliegendenfalls, daß das Schmähgedicht die Angegriffenen als evangelische Geistliche kenntlich macht, sondern darum, daß dies mittels Schimpfworte geschehen ist, die eine Beziehung auf den geistlichen Beruf enthalten, und es ist nicht abzusehen, warum nicht ein politisch tätiger Rechtsanwalt durch Ausdrücke, wie Rechtsverdreher, Unrechtsanwalt und dergleichen, in Beziehung auf seinen Beruf sollte beleidigt werden können. Übrigens liegt eine dem § 196 des Strafgesetzbuchs entsprechende Beziehung zwischen dem Schmähgedicht und dem Beruf der dadurch beleidigten »Sittlichkeitsprediger« auch insofern offen, als die Religionsdiener der evangelischen Landeskirche, wie der Inbegriff ihrer Stellung und der damit verknüpften Lebensaufgaben selbstverständlich mit sich bringt, durch ihr Amt zur Förderung aller, auf die Hebung der Sittlichkeit und auf die Abwehr der Unsittlichkeit abzielenden Bestrebungen in ganz besonderem Maße, d. h. mehr als nach allgemeiner Auffassung jeder andere sittliche Mensch, berufen sind. Von diesem Gesichtspunkt aus ist die Beteiligung an den Cölner Verhandlungen in nächstem Zusammenhang mit den durch die Geistlichen wahrzunehmenden Berufspflichten gestanden, eine Erwägung, aus der im Hinblick auf die tatsächlichen Darlegungen der Urteilsgründe ohne weiteres erhellt, daß das Schmähgedicht die zu den evangelischen Geistlichen zählenden Teilnehmer an den Cölner Verhandlungen als »Religionsdiener in Beziehung auf ihren Beruf« an der Ehre verletzt hat. Den tatsächlichen Darlegungen aber kann der Verteidiger nicht erfolgreich mit dem Vorwurf entgegentreten, es fehle die Feststellung, daß der Angeklagte Thoma das bei der Auslegung seines Gedichts mit erörterte Bild und vollends die Stellung, in der es jetzt abgedruckt ist, schon vor der Abfassung oder auch nur bei der Veröffentlichung des

Gedichts gekannt habe. Indem die Urteilsgründe das Bild zur Auslegung mit verwenden, lassen sie deutlich genug durchblicken, daß die Verbindung des Bilds mit dem Gedicht und seine Unterbringung zwischen Überschrift und Ausführung nicht ohne Wissen und Zustimmung des Angeklagten Thoma vorgenommen worden sein kann. Beweisanzeigen oder Erkenntnisquellen hiefür anzugeben, war nach § 266 Abs. 1 der Strafprozeßordnung[39] nicht geboten, zumal da ausweislich der Urteilsgründe und des Sitzungsprotokolls der Angeklagte Thoma seine Kenntnis und seine Billigung des Bildes und der Anordnung desselben nicht bestritten hatte.

II. Der äußere und innere Tatbestand eines gemeinschaftlich durch Verbreitung von Schriften und Abbildungen verübten Vergehens der Beleidigung nach §§ 185, 200, 47 des Strafgesetzbuchs findet sich in den Urteilsgründen auf ausreichender tatsächlicher Unterlage und frei von Rechtsverstößen nachgewiesen. Nirgends wird von ihnen – wie der Verteidiger in seiner Revisionsschrift und mündlich behauptet – die Möglichkeit, »einen Gegner auch durch die Sprachform der Satire ernsthaft zu bekämpfen«, für ausgeschlossen erklärt, vielmehr ausdrücklich als durchaus statthaft anerkannt; sie stellen daneben bloß den rechtlich einwandfreien Satz auf, daß die Satire gleich jeder anderen Form sprachlicher Gedankenäußerung »den allgemeinen Gesetzen über die Pflicht der Achtung der Persönlichkeit, der Ehre der Nebenmenschen, unterliege.« Der Verteidiger seinerseits scheint zu übersehen, daß sich der Begriff der Satire mit dem Gebrauch gemeiner Ausdrücke und roher Schimpfworte nicht deckt, und er befände sich in einem Rechtsirrtum, wenn er von der Ansicht ausginge, die Wahl der Form eines Schmähgedichts verschaffe dem Urheber und Verbreiter Straflosigkeit für die darin niedergelegten Beleidigungen. Soweit die Urteilsgründe unter Hinweis auf die Häufung häßlicher Worte und auf die beigegebene Abbildung zu dem Schlusse kommen, die Absicht der Beleidigung gehe aus der Form der Äußerung hervor, lassen sie die Verwertung eines unstatthaften Auslegungsmittels, einen inneren Widerspruch oder die Verkennung eines Rechtssatzes nicht ersehen.

III. Bei der Strafausmessung durfte als Schärfungsgrund unbedenklich die »Mehrheit der Beleidigten« bezeichnet werden, da zahlreiche preußische Geistliche, die dem Evangelischen Ober-Kirchenrat dienstlich unterstehen, durch das Schmähgedicht beleidigt worden sind. Dagegen trifft an sich der Vorwurf des Verteidigers zu, daß im Hinblick auf die – nebeneinander Geldstrafe, Haft und Gefängnis nennende – Strafandrohung in § 185 Abs. 1 des Strafgesetzbuchs die Folgerung der Urteilsgründe eine offenbare Lücke aufweist, durch eine Geldstrafe würde die Verschuldung des Angeklagten Thoma nicht in ausreichender Weise gesühnt, und deshalb sei auf eine Gefängnisstrafe, und zwar in der Dauer von sechs Wochen, zu erkennen gewesen. Doch geht er zu weit mit seiner Unterstellung der Möglichkeit, daß der erste Richter die Zulässigkeit einer Haftstrafe sich überhaupt nicht vergegenwärtigt habe. Ausweislich des Sitzungsprotokolls war von keiner Seite die Verhängung von Geldstrafe oder Haft angeregt; daher fehlte ein zwingender Anlaß, diese Strafarten ausdrücklich abzulehnen. Wenn gleichwohl erörtert wird, warum von einer Geldstrafe abzusehen sei, so liegt hierin allein noch keine Anzeige dafür, daß die Frage der Verhängung von Haft vollständig unberührt geblieben wäre. Andererseits läßt sich aus der – das äußerste nach § 18 des Strafgesetzbuchs[40] für Haft zulässige Maß erreichenden – Höhe der geschöpften Gefängnisstrafe ohne Zwang die Schlußfolgerung ziehen, es sei bei der Urteilsfindung die Haft als gegenüber der Schuld des Angeklagten Thoma zu milde Strafart verworfen, bei der Urteilsabfassung aber ein entsprechender Vermerk versehentlich unterlassen worden.

IV. Endlich hat die nach § 392 Abs. 2 der Strafprozeßordnung[41] von Amtswegen vorgenommene allgemeine Nachprüfung des Urteils keinen für die Angeklagten oder für einen von ihnen nachteiligen Verstoß aufgedeckt. Zweifelhaft konnte nur sein, ob das vom Verteidiger allerdings bloß mit Rücksicht auf die Zulässigkeit des Strafantrags behauptete »Ausscheiden« des Lizentiaten Bohn aus dem Geistlichenstand der preußischen Landeskirche die Haltbarkeit der Entscheidung zu beeinflussen vermöchte. Dies war aber hinsichtlich der Schuld- und der Straffrage zu verneinen. Wie oben (I 3) gezeigt, sind von den Angeklagten durch das den Gegenstand der Anklage bildende Schmähgedicht zahlreiche Geistliche beleidigt worden, auf welche sich der Strafantrag des Evangelischen Ober-Kirchenrats zu Berlin erstreckt. Für die Schuldfrage ganz unwesentlich erweist sich somit der Wortlaut der Schlußfeststellung, wonach »die Geistlichen der evangelischen Landeskirche in Preußen, soweit sie auf dem Sittlichkeitskongreß tätig und zugegen gewesen sind, darunter die Lizentiaten Bohn und Weber«, beleidigt erscheinen; die Worte »darunter die Lizentiaten Bohn und Weber« hätten ebenso gut wegbleiben können, ohne daß der wesentliche Inhalt der Schlußfeststellung im geringsten berührt worden wäre. In der die Strafbemessung behandelnden Stelle sprechen dagegen die Urteilsgründe bloß von einer »Mehrheit der Beleidigten« und nennen weder den Pfarrer Weber noch den Lizentiaten Bohn; hievon abgesehen betonen sie bei der Auslegung des Schmähgedichts, »daß damit in erster Linie der Lizentiat *Bohn, dieser aber nicht allein, sondern* nur als »typischer Vertreter« der auf dem Kongreß zu Tag getretenen Ideen und der Anhänger dieser Ideen, insoweit sie dem Stand der evangelischen Geistlichen angehören, betroffen werden sollte.« Ist aber der Lizentiat Bohn festgestelltermaßen »nicht allein, sondern *nur* als typischer Vertreter« einer bestimmten Gattung von Geistlichen gemeint gewesen, so hat ihn nach der tatsächlichen, von Rechtsirrtum freien Auffassung der Urteilsgründe das Schmähgedicht um nichts mehr und um nichts weniger schwer beleidigt, als jeden beliebigen Angehörigen jener Gattung von Geistlichen; mit anderen Worten gesagt, die Urteilsgründe gehen davon aus, daß er unterschiedslos als einer unter vielen und in gleicher Weise wie sie alle, nicht aber für seine Person besonders oder hauptsächlich, verletzt worden sei, wie denn das Schmähgedicht in seiner Überschrift sich »an *die* Sittlichkeitsprediger in Cöln am Rheine« wendet und den Lizentiaten Bohn nirgends nennt. Deshalb muß als ausgeschlossen gelten, daß für das Strafmaß die Rücksicht auf ihn von irgend welchem Belang gewesen oder daß gegen einen Angeklagten die Strafe milder als geschehen bemessen worden sein könnte, wenn festgestanden wäre, daß Bohn nicht zu den vom Strafantrag des Ober-Kirchenrats gedeckten zahlreichen Geistlichen gehöre. Es braucht sonach auch nicht geprüft zu werden, ob die gegenteilige Annahme der Urteilsgründe eine nach § 376 der Strafprozeßordnung[42] für das Revisionsgericht bindende tatsächliche Feststellung bildet, soweit es sich um die Schuld- und Straffrage, nicht um Zulässigkeit des Strafantrags handelt.

Nach all dem waren die Revisionen, mit der dem § 505 Abs. 1 Satz 1 der Strafprozeßordnung[43] entsprechenden Nebenwirkung, als unbegründet zu verwerfen.

Neisse. Dietz. Pelargus. Stock. Dr. Bernhardi.
Behringer. Schmidt.

Eine kritische Auseinandersetzung mit diesem Urteil aus der Feder Ludwig Thomas ist nicht bekannt geworden. Am 27. März 1906 schreibt er am Schluß eines längeren

Briefes an Haußmann lediglich: »Das reichsgerichtliche Urteil habe ich heute erhalten. Es imponiert mir nicht.«

Anhang: Führte Ludwig Thoma seinen Doktortitel zu Unrecht?

Manchmal findet man etwas, wonach man gar nicht gesucht hat. Als Columbus nach Indien wollte, entdeckte er Amerika.

So entdeckte ich bei der Suche nach den Strafprozeßakten Ludwig Thomas die Dokumente der Promotion Ludwig Thomas zum Doktor juris der Universität Erlangen.

Das kam so: Mir fiel in der Einleitungsformel des Urteils von Stuttgart, ebenso wie in der des Revisionsurteils des Reichsgerichts, auf, daß Ludwig Thoma dort nicht als »Dr. Ludwig Thoma« bezeichnet wird. Er selbst nannte sich ja in den Akten »Doktor«, und auch viele Aktenstücke nennen ihn »Dr. Thoma«, zum Beispiel die Ladung zum Strafantritt nach Stadelheim. Zufall, Absicht, oder was sonst? Ob das Gericht dieser Doktor-Frage nachgegangen ist, konnte ich nicht feststellen. Ich bin ihr nachgegangen, und dabei stellte sich folgender Sachverhalt heraus, der bisher offenbar noch niemandem aufgefallen war, obwohl die einschlägigen Akten ja wohlverwahrt in den Archiven liegen:

Ludwig Thoma hat am 6. Dezember 1890 an der Juristischen Fakultät der Universität Erlangen die mündliche Doktorprüfung bestanden. Seine Approbation zum Doktor juris erfolgte am 3. August 1891. Die Promotionsurkunde wurde ihm jedoch offenbar nicht ausgehändigt, weil er die Dissertationsschrift, also die Doktorarbeit, nicht abgeliefert hatte. Nach einem bei allen deutschen

Universitäten seit jeher verbindlichen Rechtsgrundsatz und nach dem Wortlaut aller Promotionsordnungen darf der Doktortitel aber erst nach Aushändigung der Ernennungsurkunde geführt werden.

Der Dekan des Fachbereichs Rechtswissenschaft der Universität Erlangen–Nürnberg, Professor Dr. Richard Bartlsperger, war auf meine Bitte hin so liebenswürdig, die Sache in Zusammenarbeit mit dem Direktor der Universitätsbibliothek, Dr. Sinogowitz, zu prüfen. Das Ergebnis stellt er in einem gutachtlichen Brief vom 14. Februar 1977 folgendermaßen dar:

»Nach dem Promotionsakt der juristischen Fakultät hat Ludwig Thoma am 6. Dezember 1890 die mündliche Prüfung bestanden. Am 3. 8. 1891 erfolgte die Approbation der Dissertation mit der Note ›rite‹[44]. Als Promotionsdatum ist im Doktorbuch unter der Aktennummer 623 der 3. 8. 1891 eingetragen. Es ist somit nachgewiesen, daß das Promotionsverfahren gemäß § 3, Halbsätze 1 und 2 der Promotionsordnung von 1889 ordnungsmäßig durchgeführt worden ist, soweit es um die Feststellung der Promotionsleistungen ging.

Ob Ludwig Thoma allerdings das Recht zur Führung des akademischen Grades eines Dr. jur. erworben hat, kann aus den vorliegenden Akten nicht eindeutig ermittelt werden. Nach § 3, Halbsatz 3, der Promotionsordnung von 1889 konnte das Diplom nicht eher ausgefertigt werden, ›als bis die Inaugural-Abhandlung gedruckt und die verlangte Anzahl von Exemplaren derselben abgeliefert sind‹. Aus den Promotionsakten ergibt sich nichts darüber, ob die Ablieferung der Pflichtexemplare erfolgt und die Promotionsurkunde ausgehändigt worden ist. Andere Promotionsakten aus derselben Zeit enthalten allerdings ein gedrucktes Exemplar der Dissertation und einen Abdruck der Promotionsurkunde. Ein Vermerk über die Aushändigung der Promotionsurkunde war, wie eine Durchsicht von Promotionsakten aus jener Zeit ergeben hat, damals offenbar noch nicht vorgeschrieben. Ein entsprechender Vermerk fehlt auch in dem Promotionsakt von Ludwig Thoma.

Die Promotionsordnung von 1889 sagt ausdrücklich nichts darüber aus, welche rechtliche Bedeutung die Aushändigung der Promotionsurkunde hat. Die Promotionsordnung von 1905 bestimmt jedoch in Übereinstimmung mit dem heute gültigen Promotionsrecht, daß die Ernennung zum Dr. jur. durch Aushändigung des Doktordiploms erfolgt. Diese Rechtslage muß auch unter der Geltung der Promotionsordnung von 1889 als maßgeblich angesehen werden. Es ist ein traditioneller Rechtsgrundsatz, daß öffentliche Ernennungen nur rechtswirksam werden, wenn eine entsprechende Ernennungsurkunde ausgehändigt worden ist. Danach konnte Ludwig Thoma das Recht zur Führung des akademischen Grades eines Dr. jur. erst nach Aushändigung der Promotionsurkunde beanspruchen.

Wie dargelegt, kann jedoch nach den hier vorhandenen Unterlagen nicht eindeutig festgestellt werden, ob Ludwig Thoma die Pflichtexemplare abgeliefert und die Promotionsurkunde ausgehändigt erhalten hat. Ob also Ludwig Thoma den akademischen Grad eines Dr. jur. zu Recht oder zu Unrecht geführt hat, muß nach den hier möglichen Feststellungen offen bleiben.«

Aus drei weiteren Umständen drängt sich die Schlußfolgerung auf, daß Ludwig Thoma seine Dissertation nie abgeliefert hat.

Das ist zum einen eine Feststellung, die ich dem Direktor der Bibliothek des Bundesgerichtshofes, Dr. Kirchner, verdanke:

»... Seit dem Jahre 1885 sind sämtliche Dissertationen in einem gedruckten Verzeichnis festgehalten, das wir auch lückenlos besitzen. Aber Thomas Dissertation ist

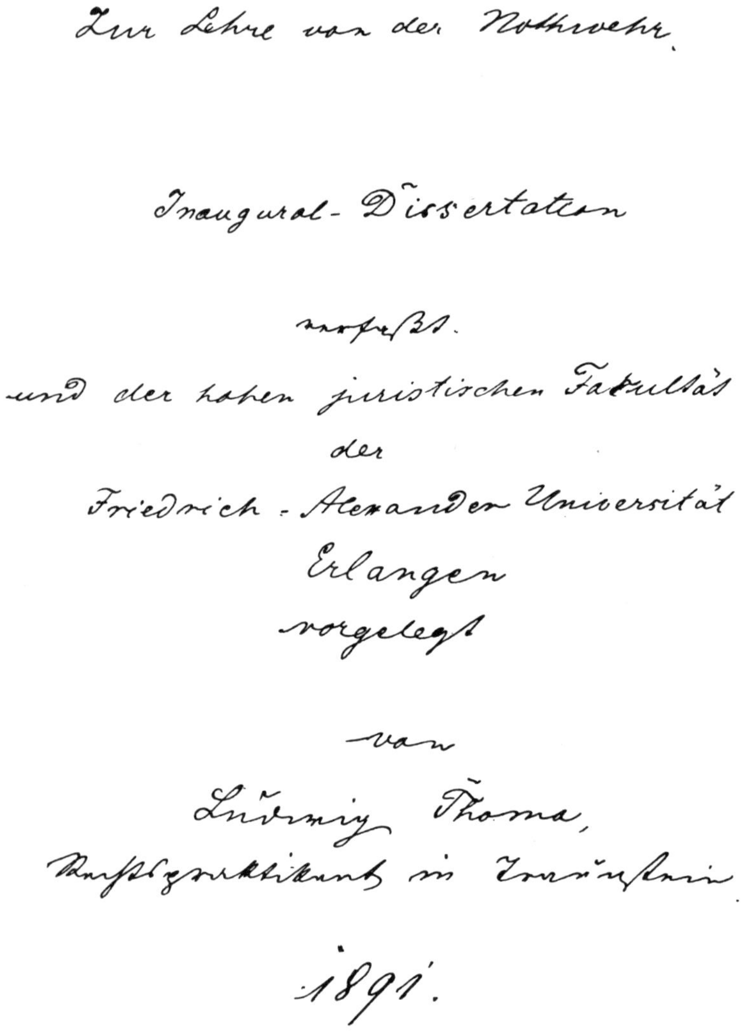
Zur Lehre von der Nothwehr.

Inaugural-Dissertation

verfaßt

und der hohen juristischen Fakultät

der

Friedrich-Alexander Universität

Erlangen

vorgelegt

von

Ludwig Thoma,

Rechtspraktikant in Traunstein.

1891.

Deckblatt der Doktorarbeit Thomas; er hat die 108 Seiten mit eigener Hand geschrieben. Da er sie nie ganz fertiggestellt und daher nicht abgeliefert hat, wurde ihm trotz bestandener Prüfung das Doktor-Diplom nicht ausgehändigt.

dort nirgends erwähnt ... Da das zitierte Verzeichnis ein amtliches ist, ist die Lücke sehr auffällig. Vielleicht hat Thoma nur eine Arbeit angefertigt, und es ist dies nicht angenommen worden (wie bei Goethe).« (Brief v. 30. 7. 1976)

In einem kommentierenden Brief schreibt mir Dr. Kirchner weiter: »Daß Thoma nun doch den Dr.-Titel ohne Berechtigung geführt haben soll, bloß weil er die Pflichtexemplare nicht abgeliefert hatte, will ich nicht glauben ... Im vorigen Jahrhundert war das alles noch nicht so formalistisch wie heute.« (Brief v. 21. 11. 1977)

Das zweite Argument: Das handschriftliche Original der Doktorarbeit Ludwig Thomas liegt in der Handschriftenabteilung der Stadtbibliothek München als Teil des Ludwig-Thoma-Nachlasses. Wäre es, wie andere Doktorarbeiten, bei der Fakultät eingereicht worden, dann müßte es dort liegen.

Drittens: Nirgendwo findet sich ein gedrucktes Exemplar und nirgendwo findet sich die Promotionsurkunde, die Thoma doch sicher aufgehoben hätte.

Die Doktorarbeit selbst hat sich offenbar bis jetzt noch niemand näher angesehen. Jedenfalls konnte ich keine Veröffentlichung oder Besprechung in den sonst so zahlreichen Aufsätzen, Broschüren und Büchern über Ludwig Thoma finden.

Das Thema dieser Dissertation ist recht allgemein: »Zur Lehre von der Nothwehr«. Die Bearbeitung läßt keinerlei eigene Gedanken oder kritische Perspektiven erkennen. Es wäre nicht sinnvoll, in dieser Arbeit nach grundsätzlichen politischen oder philosophischen Gedanken zu suchen, die etwa den späteren so oder so sich profilierenden Ludwig Thoma (»ex ungue leo«) erkennen lassen könnten. Höchstens in der Formulierung einiger Sätze mag man die Sprachgewandtheit des Verfassers ahnen, so etwa in der recht eleganten Einleitung:

Prüfungs-Zeugniß.

Im Auftrage der k. Staatsministerien der Justiz und des Innern wird Ihnen eröffnet, daß Sie auf Grund der im Dezember 1893 abgelegten zweiten Prüfung für den höheren Justiz- und Verwaltungsdienst mit nachstehenden Noten gewürdigt wurden:

Hauptnote für das Justiz-Fach	Hauptnote für das Verwaltungs-Fach	Gesamtnote	Gesamtnotenelemente über Stil und Darstellungsgabe
II $\frac{4}{10}$ d. i. II	II $\frac{6}{10}$ d. i. II	II $\frac{10}{20}$ d. i. II	2 $\frac{5}{20}$ d. i. 2

und daß Sie unter den 303 Prüfungskandidaten des Königreichs den 176 Platz erlangt haben.

Die Beilagen des Gesuches um Zulassung zur Prüfung folgen zurück.

Eine Zusammenstellung der erhaltenen Einzelnoten liegt an.

München, den 13ten April 1894

Königliche Regierung von Oberbayern, K. d. Innern.

In Vertretung

[illegible]

An
den geprüften Rechtspraktikanten
Herrn Ludwig Thoma
in
München

Gebühr 4 M – S
Zustellgebühr – „ 20 „
Porto – . –
Sa. 4 M 20 S
Gebührenregister
No 669

»Im Kindesalter des Rechtes überwiegt die Selbsthülfe, die mangelhafte staatliche Organisation weist den Einzelnen auf sich selbst an oder läßt ihn Schutz nur in eng begränzten Kreisen wie Familie und Gemeinde finden. Erst allmählich mit der Entwicklung des Staatswesens wird die eigenmächtige Geltendmachung verletzter Rechte in den Hintergrund gedrängt und im geordneten Staate wird der Selbsthülfe nur ein geringer Raum angewiesen. Privatrache, Privatstrafe müssen als die Coexistenz gefährdend verboten sein. Daß aber der Staat den

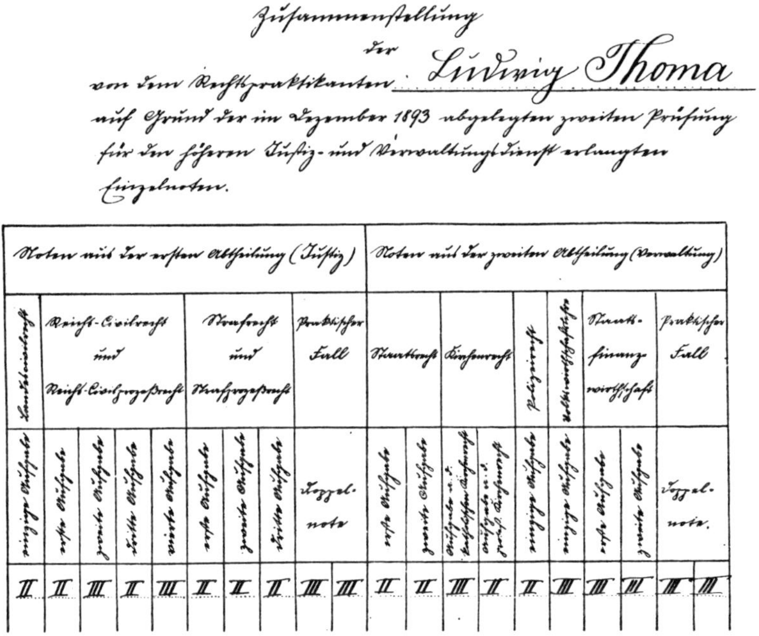

Zusammenstellung der von dem Rechtspraktikanten Ludwig Thoma auf Grund der im Dezember 1893 abgelegten zweiten Prüfung für den höheren Justiz- und Verwaltungsdienst erlangten Einzelnoten.

Noten aus der ersten Abtheilung (Justiz)										Noten aus der zweiten Abtheilung (Verwaltung)									
Landescivilrecht	Reichs-Civilrecht und Reichs-Civilprozeßrecht				Strafrecht und Strafprozeßrecht			Praktischer Fall		Staatsrecht		Finanzrecht		Polizeirecht	Volkswirthschaftslehre	Staatsfinanzwirthschaft		Praktischer Fall	
einzige Aufgabe	erste Aufgabe	zweite Aufgabe	dritte Aufgabe	vierte Aufgabe	erste Aufgabe	zweite Aufgabe	dritte Aufgabe	Doppelnote		erste Aufgabe	zweite Aufgabe	[illegible]	[illegible]	einzige Aufgabe	einzige Aufgabe	erste Aufgabe	zweite Aufgabe	Doppelnote	
II	II	III	II	III	II	II	II	III	III	II	II	III	II	II	III	III	III	III	III

Das bisher unveröffentlichte Zeugnis vom 13. April 1894 über Thomas Juristische Staatsprüfung blieb in den Akten des Bayerischen Staatsministeriums der Justiz unversehrt erhalten. Mit Platzziffer 176/303 erzielte Thoma ein respektables Ergebnis.

Rechtsschutz nur da ausschließlich für sich in Anspruch nehmen kann, wo er ihn wirksam zu leisten vermag, ist eine Forderung der Vernunft. Wo seine Hülfe fehlt oder zu spät käme, geht seine Machtbefugniß auf den Einzelnen über – wir sprechen dann von einem Rechte der Selbsthülfe, einem Rechte der Nothwehr.«

Der Sache nach handelt es sich lediglich um eine lustlos zusammengezimmerte Sammlung von Zitaten zeitgenössischer Strafrechtslehrer, ohne ersichtliche Gliederung, insgesamt 108 handgeschriebene Seiten; in Schreibmaschinenschrift übertragen sind das lediglich 18 Seiten à ca. 40 Zeilen, insgesamt also nicht ganz 800 Zeilen. Ursprünglich waren es offensichtlich nur 81 Seiten, denn auf der 81. Seite findet sich ein großer Abschlußstrich. Es scheint, als habe Thoma die Arbeit in diesem Stadium seinem Doktorvater, Strafrechtsordinarius Prof. Carl Lueder, gezeigt und dieser ihm den Rat gegeben, doch wenigstens noch einen historischen Teil anzufügen, damit die Sache sich nicht gar so mager anlasse. Jedenfalls geht es dann auf dieser 81. Seite unvermittelt mit »II. Historische Entwicklung« weiter, obwohl vorher nirgendwo ein I steht und die Arbeit überhaupt keine Gliederung und keine Zwischenüberschriften enthält. Dieser angefügte historische Teil ist ein krauses Durcheinander von kommentarlos wiedergegebenen, meist lateinischen Zitaten aus dem »Corpus juris civilis«, den Schriften des heiligen Augustinus und dem mittelalterlichen Kirchenrecht; dazu kommen einige Sätze aus der »Constitutio Criminalis Carolina« (Strafgesetzbuch Kaiser Karls V.) und neueren Gesetzbüchern. Ob diese Zitate richtig abgeschrieben sind, habe ich nicht nachgeprüft, einzelne Partien sind ausgestrichen und durch stenografische Randbemerkungen ersetzt, zum Teil mit roter Tinte, vielleicht aufgrund einer erneuten Besprechung mit seinem Promotionsprofessor.

Die Vollstreckung des Urteils

Ludwig Thoma in Stadelheim

Das Urteil wurde mit der Verkündung des Revisionsspruchs des Reichsgerichts in Leipzig vom 22. Februar 1906 rechtskräftig. Die Vollstreckung war nun Sache der württembergischen Justiz.

Man nahm zunächst an, daß Ludwig Thoma die Strafe in Württemberg würde verbüßen müssen. Das veranlaßte den Verteidiger Conrad Haußmann, der ja zugleich der führende Kopf der Liberalen in Württemberg war, in der von ihm herausgegebenen Parteizeitschrift »Beobachter« überdeutlich und ein wenig demagogisch auf die Gemüter der Leser zielend die »Zustände« in württembergischen Strafanstalten darzustellen. Er schreibt dort[45]:

»Die ›Gutgesinnten‹ suchten sich längst an dem Schriftsteller und Dichter Dr. Ludwig Thoma in München zu rächen dafür, daß er mit der scharfen Geißel der Satire die konventionelle Heuchelei züchtigt . . . Das Gericht hat das Strafmaß so angemessen, daß, wie es wußte, der Verurteilte nicht im Bezirksgefängnis, sondern im Landesgefängnis Rottenburg seine Strafe verbüßen muß. Kämpfer mit der Waffe des Wortes, Streiter auf dem geistigen Gebiet, sperrt das Stuttgarter Strafgericht zu den Übeltätern, die in das Landesgefängnis verbracht werden. Die ganze Roheit unseres Strafverfahrens kontrastiert wie Hohn mit dem vorangeschrittenen Rechtsbewußtsein, wenn man sich vergegenwärtigt, was das Gericht des Landes, das Schubart eingesperrt, Schiller des Landes vertrieben, Liszt eingekerkert hat, über den bayerischen Dichter verhängt . . .

Nach dem Königlichen Württembergischen Regierungsblatt Nr. 7 vom 10. März 1899, Seite 88 f., und dem nachstehenden Auszug aus der Gefängnisordnung ist die Behandlung des Dr. Ludwig Thoma in Württemberg nach Urteilsrechtskraft die folgende . . .«

Nun werden die etwa vier Dutzend Paragraphen im Wortlaut angeführt, nach denen die Strafgefangenen zu behandeln sind. Einige Sätze daraus lauten:

»Der Gefangene wird einer sorgfältigen Visitation unterworfen, vor welcher er sich bis auf das Hemd zu entkleiden hat.« »Die Kleider und sonstigen Gegenstände, in deren Besitz sich der Gefangene befindet, werden demselben abgenommen.«

»Die Gefangenen sind nach dem Grade der Verdorbenheit in zwei Klassen einzuteilen: Über die Versetzung in die eine oder andere Klasse ist in der Beamtenkonferenz Mitteilung zu machen.«

»Als Morgenspeise erhält der Gefangene viermal wöchentlich eine aus 125 Gramm Schwarzbrot und 0,5 Liter Wasser bestehende Suppe, dreimal wöchentlich 0,65 Liter Milchkaffee, bestehend aus 5 Gramm gebranntem Kaffee und 0,1 Liter Milch, nebst 125 Gramm Schwarzbrot. Mittagskost: 0,85 Liter Rumfordsuppe oder Mehlspeise mit Brühe, Salat oder gekochtes Obst oder Gemüse, an Sonn- und Festtagen und einmal wöchentlich 125 Gramm Rohgewicht Fleisch oder zweimal 75 Gramm Rohgewicht, sofern dadurch ein Mehraufwand nicht entsteht. Außerdem ist alle 14 Tage ein Kabeljau, Stockfisch, Schellfisch oder Hering oder Gekröse, Lunge, Herz oder Leber zulässig . . .«

»Die Gefangenen erhalten gleichförmige, übrigens von der Hauskleidung der Zuchthausgefangenen durch besondere Kennzeichen verschiedene Strafanstaltskleider, und zwar eine Jacke, Weste und Beinkleider aus Naturhanfzwirn, im Winter aus gerauhtem Trikotbarchet, außerdem drei Hemden, drei Paar Socken, drei Nasentücher, drei Hosenträger, eine Mütze und ein Paar Lederhandschuhe ... zwei Schuhbürsten (sie haben diese Schuhe selbst zu putzen, erhalten keine Zahnbürste, keine Gabel und kein Messer). Als Lager eine Matratze aus Stroh, Indiafaser oder Seegras, ein Kopfpolster aus demselben, zwei Leintücher, eine Wolldecke, im Winter zwei.«

»Die Beschäftigungsarten werden im voraus für jede Anstalt durch das Strafanstaltskollegium bestimmt. Die für die Bedürfnisse der Anstalt erforderlichen Arbeiten sollen durch die Strafgefangenen besorgt werden. Im übrigen ist auf die Auswahl solcher Beschäftigungsarten Bedacht zu nehmen, welche nicht bloß einen ergiebigen Ertrag gewähren, sondern auch als Mittel zur Besserung zu dienen geeignet sind, um den Gefangenen zu einem redlichen Erwerb nach der Entlassung möglichst zu befähigen.«

Das Schreckensgemälde, das Haußmann hier entwirft, wurde durch die Tatsachen alsbald widerlegt. Thoma wurde im bayerischen Gefängnis in Stadelheim bei München äußerst entgegenkommend behandelt. Er schildert das selbst in seinem »Stadelheimer Tagebuch« recht anschaulich. Dabei könnte man sogar auf den Gedanken kommen, daß die anderen Strafgefangenen sich benachteiligt fühlen mußten, die eine so rücksichtsvolle Sonderbehandlung nicht erfuhren.

Zunächst dachte man an eine Begnadigung durch den König. Der prominenteste Fürsprecher war hier der norwegische Dichter und Nobelpreisträger Björnstjerne Björnson (1832 bis 1910). Er schrieb bereits wenige Tage nach der Verkündung des reichsgerichtlichen Urteils, am 4. März 1906, an den ihm befreundeten Baron Joachim zu Putlitz, damals Generalintendant der Kgl. Württembergischen Hoftheater:

»Erlauben Sie, daß ich durch Ihre Vermittlung Se.

Majestät den König bitte, die Verurteilung des Dichters Ludwig Thoma zu 6 Monaten Gefängnis auf 6 Monate Festung zu vermildern.

Ich bin Ludwig Thomas dichterischer Tätigkeit seit ihrem Beginn gefolgt, und ich prophezeie, daß er einst einen ganz eigenartigen und bedeutungsvollen Platz in der deutschen Litteratur einnehmen wird. Ein Buch wie ›Der heilige Theis‹[46] ist etwas ganz Neues.

Die Bedingung aber ist, daß er gut behandelt wird, sonst kann leicht die Bitterkeit in ihm überhandnehmen.

Das Gedicht, um dessentwillen er verurteilt ist, ist vortrefflich, durch seinen persönlichen Ingrimm und seine brillante Form. Es gehört nicht zu den Dichtungen, deren Tendenz ich bewundre, aber bei uns wäre es nicht verurteilt worden. Das Urteil dünkt mich recht streng.

Ich bitte Sie, lieber Herr Baron, Seiner Majestät dies vorzulegen. Ich bin überzeugt, der König wird es nicht übel aufnehmen, daß ich für ein junges, deutsches Genie ein gutes Wort einlege.«

Thoma hat von diesem Brief wohl über Haußmann erfahren. Jedenfalls schreibt Thoma an Haußmann am 15. März 1906:

». . . Von Venedig zurück fand ich Deinen Brief, den ich telegrafisch beantwortete: ›Ich nehme unter keinen Umständen Gnade an.‹ Ich bitte Dich, das H. v. Putlitz zu sagen. Was er mit dem Brief B.'s tun will, ist natürlich seine Sache. Ich bin dem lieben alten Herrn sehr dankbar und werde ihm das schreiben, aber ich darf mir die Blöße aus vielen Gründen nicht geben und Gnade nehmen, wo ich mein Recht verletzt halte.«

An Björnson antwortete Thoma am 23. März 1906:

»Ich muß Ihnen herzlich danken für das Wohlwollen, das mir eine große Ehre bedeutet. Aber ich habe Haußmann geschrieben, daß ich keine Gnade annehme, wo mein Recht verletzt ist. Dafür bin ich Ihnen, hochverehrter Herr Björnson, Aufklärung schuldig, denn ich habe dadurch Ihre Mühe fruchtlos gemacht.

Ohne Phrase. Das Stuttgarter Gericht hat nicht zu strenge, aber zweckdienlich, das heißt politischen Zwekken dienend, geurteilt. Es hat mich verurteilt wegen Beleidigung eines Geistlichen in seinem Berufe, obwohl ich ihn nur als politischen Vereinsredner angriff.

Aber das war nicht das stärkste. Es hat sich herausgestellt – hinterdrein –, daß der Beleidigte zu der Zeit, als mein Gedicht erschien, gar nicht mehr Geistlicher war. Er war ausgetreten, um Sekretär der Sittlichkeitsvereine zu werden. So bin ich also verurteilt wegen Beleidigung eines Nichtgeistlichen in Ausübung seines geistlichen Berufes, den der Beleidigte nicht mehr bekleidete . . .«

Thoma verschweigt hier, daß er nicht nur wegen Beleidigung eines einzigen Geistlichen verurteilt worden war, das Reichsgericht sagt in der Begründung nämlich ausdrücklich:

»Bei dem Umstand, daß der Strafantrag des Oberkirchenrats alle der preußischen Landeskirche angehörenden evangelischen Geistlichen umfaßt, erübrigt sich für die Prüfung seiner äußeren Zulässigkeit, also unbeschadet der Frage, inwieweit er sachlich gerechtfertigt ist, jede Erörterung darüber, welche einzelne Personen zu der Zeit, wo die Tat begangen wurde, als evangelische Geistliche dem Oberkirchenrat dienstlich untergeben gewesen sind. Daher irrt der Verteidiger mit seiner Meinung, daß das . . . Verfahren . . . einzustellen gewesen wäre, wenn der Licentiat Bohn schon vor Oktober 1904 aus dem preußischen geistlichen Verband ausgeschieden war, vielmehr hatte und hat auch in diesem Fall, mit Rücksicht auf die damals noch der Landeskirche angehörenden Geistlichen, das Verfahren seinen Fortgang zu nehmen.«

Sodann fährt Thoma in seinem Antwortbrief an Björnson fort: »Ich kann dieses Urteil, welches ich verachte, nicht dadurch anerkennen, daß ich eine Umwandlung der Strafe annehme. Zudem würde ich den Gegnern ein Mittel an die Hand geben, mich wirksam anzugreifen. Sie könnten sagen, daß ich nicht den Mut gehabt habe, die Folgen meiner Handlungen zu tragen. Zum Schluß bemerke ich, daß die Strafe nicht hoch ist, 6 Wochen, nicht Monate, kann man schon ertragen.«

Immerhin hat Ludwig Thoma um Strafaufschub ersuchen lassen. Darauf antwortet die Königliche Staatsanwaltschaft unter dem 26. August 1906:

»An den Schriftsteller Dr. Ludwig Thoma in Ringsee, Post Wiessee, 57, am Tegernsee:

Weisungsgemäß habe ich Ihnen zu eröffnen, daß Ihnen der erbetene Strafaufschub bis zum 15. Oktober d. J. aufgrund der Vorschriften des § 488 der StPO nicht gewährt werden kann. Sie werden daher zu einer umgehenden Äußerung darüber aufgefordert, ob Sie Ihr Gesuch als ein solches um *gnadenweise* Gewährung weiteren Strafaufschubs behandelt wissen wollen, in welchem Falle Ihnen die Beibringung des Zeugnisses eines beamteten Arztes anheimgegeben wird.«

Thoma hat den wohl gutgemeinten Wink mit dem Zeugnis eines beamteten Arztes nicht akzeptiert, sondern überhaupt nicht auf das Schreiben der Staatsanwaltschaft geantwortet. Diese berichtet daher an das Königliche Justizministerium am 11. September 1906:

»... Trotz Aufforderung zu umgehender Äußerung hat er bis heute noch nicht geantwortet. Ich bitte gehorsamst um Weisung.«

Unter demselben 11. September 1906 findet sich im Haußmann-Archiv in Stuttgart zu diesem Thema ein höchst bemerkenswerter Brief Thomas an Haußmann, in dem er sogar von (bisher unbekannten) Fluchtplänen schreibt:

»Diesmal störe ich Deine Nachtruhe nicht durch Telegramme und Deine Seele nicht durch ... Nachrichten über meine ... Gesundheit. Die letztere ist vortrefflich und muß nur Staatsanwälten als gefährdet erscheinen. Nämlich, ich will ca. bis 15. Okt. heraußen bleiben, dann mag der See sein Opfer haben, und ich beginne im Gefängnis ein Bühnenstück.

Nun zuerst das Juristische. Der Staatsanwalt in Stuttgart, dem ich ein ärztliches Zeugnis über Ischias schickte, läßt mir schreiben, daß nach § 488 ein Aufschub nur mehr ›gnadenweise‹ möglich ist. Dieses ›gnadenweise‹ hat der Mann unterstrichen. ... Darin hat er recht, daß ich auf seine Gnade – sagen wir, huste. Aber in dem anderen hat er Unrecht. Mir sagt ein bay. z. Zt. hier weilender Staatsanwalt, daß Aufschubsgesuche, die auf Krankheit gestützt werden, nicht Gnadengesuche sein müssen, sondern ich habe ein Recht darauf, ich habe den Ischias. Wenigstens ex officio. Willst Du nicht darüber mit Eurem Gewalthaber reden; ich werde meine Erwiderung dem bayerischen Staatsanwalt schicken (nach München). So kann mit Hin und Her der 15. Oktober nahen.

Ab 18. oder 19. gehe ich ins Ausland ... Tirol zu Ganghofer. Und das halte ich geheim, so daß mich niemand findet. Der Stuttgarter Staatsanwalt wird es sich überlegen, ob er wegen zwei – drei Wochen die Konsulate mit Nachfragen strapaziert oder Steckbriefe erläßt. Zeit ist auch hier Geld, denn ich muß den neuen Band ›Lausbuben‹ fertigmachen, vor ich brumme. Dann gehe ich ans Dramatische, und in der Stille des Gefängnisses soll was Gutes reifen.«

Warum die Strafe nicht in Württemberg vollstreckt wurde, sondern in Bayern, ergibt sich aus den Akten nicht. Offenbar gab es damals einschlägige Rechtshilfeabkommen zwischen Bayern und Württemberg. Bereits unter dem 27. September 1906 erging an »den Schriftsteller Herrn Dr. Ludwig Thoma« die Aufforderung, sich

R Ut. Buch-Nr. 113.

Vorladung zum Strafantritt.

(Abschrift.)

Den Schriftsteller Herrn Dr. Ludwig Thoma

wohnhaft in München

geb. im Jahre — wird ~~hiemit~~ vorgeladen, zur Antretung der durch rechtskräftiges Urteil ~~des Schwurgerichtes~~ der Strafkammer II am k. Landgerichte Stuttgart ~~München~~ I unterm 26ten Juni 1905

wegen Beleidigung durch die Presse

gegen ihn ausgesprochenen

Gefängnis-strafe von sechs Wochen

binnen 3 Tagen von der geschehenen Zustellung an gerechnet unter Vorzeigung dieses Erlasses bei Vermeidung der Verhaftung in dem

Strafvollstreckungsgefängnis München (Stadelheim)

sich zu stellen.

Die Aufnahme am genannten Straforte findet nur **von 7 Uhr Morgens bis 7 Uhr Abends** statt.

München, den 27ten September 1906.

Der Erste Staatsanwalt
bei dem kgl. Landgerichte **München I.**
gez. [illegible]

Zur Beglaubigung
Der Gerichtsschreiber.
[illegible]
Sekretär.

Formular Nr. XXXI b.
Fach Nr. 94.
Gebr. Haertl.

Auf Grund dieser staatsanwaltschaftlichen »Vorladung« trat Ludwig Thoma am 16. Oktober 1906 seine Gefängnisstrafe in Stadelheim an.

binnen drei Tagen in dem Strafvollstreckungsgefängnis Stadelheim zur »Antretung« der Strafe einzufinden.

Am Dienstag, dem 16. Oktober 1906, rückte also Thoma in Stadelheim ein. Die »Münchner Neuesten Nachrichten« bringen dazu die Notiz:

»Der Schriftsteller Dr. Ludwig Thoma hat sich in Stadelheim eingefunden, um die sechswöchige Haft abzubüßen, welche ihm wegen Beleidigung von Vertretern der Sittlichkeitsvereine zuerkannt wurde.«

Und an diesem 16. Oktober 1906 beginnt auch jenes Stadelheimer Tagebuch, in dem der Dichter schreibt, wie es ihm in dieser Haft ergangen ist und was er sich dabei so alles gedacht hat:

»Der Inspektor empfing mich freundlich, verwies mich auf die Hausordnung und ließ durchblicken, daß im Rahmen dieser Bestimmungen manche Erleichterung ge-

Rudolf Sieck: Strafvollstreckungsgefängnis Stadelheim (1906), Simplicissimus 11. Jhrg., Nr. 34, Original 20×30 cm, Tusche (Feder) mit handschriftlicher Widmung, heute im Privatbesitz. – Hier schrieb der Sträfling Ludwig Thoma sein »Stadelheimer Tagebuch«.

währt werden könne. Zunächst will er mir gestatten, zwei Zeitungen zu lesen (Neueste Nachrichten und Frankfurter Zeitung), alle acht Tage Marion sehen, jeden Tag eine Stunde spazieren zu gehen (im Hofe). Mein Wunsch, zu rauchen, wird als erfüllbar bezeichnet.«

Übrigens, der Satz, daß ihm gestattet werde, alle acht Tage Marion zu sehen, fehlt in der Ausgabe der gesammelten Werke Thomas, die bei Albert Langen herausgekommen ist. Dieser Satz wurde, wie so mancher andere, der sich auf Marion, die damalige Braut und spätere Frau Thomas bezieht, im Originalmanuskript ausgestrichen. Von wem, läßt sich nur vermuten.

Thoma hatte also in jenem Herbst des Jahres 1906 Zeit und Gelegenheit, in Ruhe die Zeitereignisse zu betrachten und zu glossieren. Was er darüber in seinem Stadelheimer Tagebuch schrieb, ist heute noch so lebendig und interessant wie damals, zum Beispiel die »Wundervolle Geschichte vom Koepeniker Hauptmann« oder die »Reden Kaiser Wilhelms des II.«, zwei Bände, die gerade in diesen Tagen erschienen waren. Mit Ignaz Taschner korrespondierte er über die Einzelheiten seines Tegernseer Hauses, das er sich mit den reichlich fließenden Einkünften aus seinen Werken baute.

Über Richter und Staatsanwälte schreibt er recht Unfreundliches, aber welcher Gefangene hat je ein Loblied auf den Staatsanwalt gesungen!

»Es ist ein Fehler, nur über Klerikalismus und Militarismus herzufallen. Für das Gesamtwohl ist es mindestens wichtiger, immer wieder darauf hinzuweisen, daß die deutsche Rechtsprechung schlechte Wege geht. In Bayern leistet sie dem Klerikalismus Dienste, und diese Dienstfertigkeit ist gemeingefährlicher als die Kampfwut der Ultramontanen. Sie korrumpiert die heranwachsende Richtergeneration. Die von allen Ministern als noli me tangere behandelte Unparteilichkeit des Richterstandes ist eine Lüge. Wir haben in unseren bayerischen Provinzialstädten Regensburg, Passau usw. ultramontane Kammern, das heißt Richterkollegien, die ihre ultramontane Politik treiben und sie durch Urteilsfällung ausüben. Vielleicht nicht immer bewußt. Aber eine richterliche Überzeugung ist eben auch eine Überzeugung, und eine Überzeugung bildet sich immer aus der gesamten Lebensanschauung. Aber viele beugen gegen ihre Überzeugung das Recht.

Das Grundübel liegt in der Organisation der Staatsanwaltschaft. Es ist verderblich, daß ein junger Mann mit 28 Jahren, der noch ausschließlich zu lernen hat, sich zuerst die Sporen als öffentlicher Ankläger verdient, bevor er Richter wird.

Dünkel, Unerfahrenheit, der kleine Ehrgeiz, Karriere zu machen, bringen nichts als Vorurteile zur Reife; die angelernte Gewohnheit, soziale Erscheinungen nicht als Lernender, sondern als Ankläger zu beachten, tut das übrige.

Dann wird der Kerl ein Richter, und wenn Gutes in ihm steckt, hat er Mühe genug, eine Härte abzulegen, die vielleicht gegen seine Natur und nur ein Produkt der staatsanwaltschaftlichen Vorbildung war.

Wir haben Grund, die Rechtsprechung unter Kontrolle zu halten, daß sie nicht wird wie die sächsische.« (24. 10. 1906)

*

Zu diesem Stichwort »Sächsische Justiz« findet sich in den Akten ein besonders interessanter Fall, der schon für die damaligen Jahre eine gewisse Rechtslastigkeit der Justiz zeigt. Der »Beobachter« vom 19. Juni 1905 schildert diese in der Tat skandalöse Angelegenheit folgendermaßen[47]:

Prinz Leon Kutschubey, ein naher Verwandter des Zaren, hatte sich im vorigen Winter in Dresden aufgehalten und war im Hotel »Europäischer Hof« abgestiegen. Als er am 8. November l. J. nachts nach Hause kam, schickte er zum Portier hinunter und wollte etwas zum Lesen heraufgeschickt haben. Der Portier Möller, der gerade keine Tageszeitung zur Hand hatte, schickte die neueste Nummer des »Simplicissimus« hinauf, deren Inhalt er nicht kannte, und in der sich zufälligerweise mehrere Karikaturen über die russischen Zustände befanden.

Im Anblick dieser Bilder geriet der russische Fürst in eine maßlose Wut, klingelte und ließ den Portier heraufkommen und verprügelte ihn gehörig. Er versetzte ihm einige kräftige Fußtritte, so daß Möller zu Boden fiel und schwere Verletzungen davontrug. Es stellte sich eine schwere Anschwellung des Oberschenkels und eine Lähmung der Darmtätigkeit ein, und noch am 11. Februar dieses Jahres bei der Schöffengerichtsverhandlung gegen den Fürsten war Möller erwerbsunfähig.

Wegen dieser Handlungsweise, die in der Öffentlichkeit berechtigtes Aufsehen erregte, hatte sich Fürst Kutschubey vor dem Dresdener Schöffengericht zu verantworten, und er wurde wegen schwerer Körperverletzung zu einer Geldstrafe von 1000 Mk., im Nichteinbringungsfalle zu einer Gefängnisstrafe von 67 Tagen verurteilt. In der Urteilsbegründung war der Inhalt der Simplicissimus-Nummer als schamlos bezeichnet worden. Als Antwort wohl hierauf veröffentlichte der Simplicissimus in seiner nächsten Nummer am 21. Februar des Jahres folgendes:

»*Sächsische Richter* haben folgendes Urteil gefällt: Der russische Fürst Kutschubey, der 100 000 Rubel Jahreseinkommen hat, verlangte in einem Dresdener Hotel den Simplicissimus. Als er darin Angriffe gegen Rußland fand, lockte er den schwächlichen alten Portier in sein

Zimmer und mißhandelte ihn so, daß der Mann todkrank lange Wochen im Spital lag. Der fürstliche Rohling wurde vor Gericht gestellt, und dieses erkannte auf 1000 Mark Geldstrafe, indem es dem Angeklagten mildernde Umstände zubilligte, weil durch die geradezu schamlosen Artikel des Simplicissimus der Fürst in seinem Nationalgefühl gekränkt worden sei. Ahnen diese Richter, daß es auch ein deutsches Nationalgefühl gibt? Und dürften diese Richter in diesem Urteil irgendjemandem Schamlosigkeit vorwerfen? Der Simplicissimus.«

In der Woche darauf (am 28. Februar 1905) veröffentlichte der Simplicissimus dann eine Reihe Bilder, die überschrieben waren: »Schamlosigkeiten in Sachsen.«

In den Bildern wurde gegenübergestellt, was man in Sachsen als schamhaft und was als schamlos bezeichne. Unter Gegenüberstellung des Löbtauer Zuchthausurteils nahm eines der Bilder auch Bezug auf das Schöffengerichtsurteil und war unterschrieben: »Nicht schamlos ist dagegen, wenn ein russischer Fürst sächsische Bürger und Sachsen halbtottreten darf.« An anderer Stelle hieß es in derselben Nummer: »Die Richter, welche Kutschubey wegen lebensgefährlicher Körperverletzung begangen nur an einem Deutschen zu einer geringen Geldstrafe verurteilten, heißen . . .« (Es folgen dann Name, Stand und Wohnungsadresse der beiden Schöffen und des Assessors, der der Schöffenabteilung vorgesessen hat.)

In diesen beiden Auslassungen wird eine Beleidigung der Richter erblickt, und auf Antrag des sächsischen Justizministers ist gegen den verantwortlich zeichnenden Redakteur Julius Linnekogel aus München Strafantrag wegen Beleidigung in zwei Fällen gestellt worden. Die Anklage nimmt an, daß der Simplicissimus bezweckt habe, die sächsischen Richter an den Pranger zu stellen und die Leser aufzufordern, ihnen ihre Verachtung kundzugeben. Tatsächlich sollen den beteiligten Mitgliedern des Gerichtshofes auch aus aller Welt ungezählte Zuschriften zugegangen sein.«

Dieser Prozeß fand am selben Tag statt wie der wegen Beleidigung der evangelischen Geistlichkeit, also am 19. Juni 1905, und zwar ebenfalls vor der Zweiten Strafkammer des Königlichen Landgerichts zu Stuttgart. Verteidiger war hier der Zwillingsbruder Conrad Haußmanns, Rechtsanwalt Friedrich Haußmann. Auch dieses Urteil wurde am 26. Juni 1905 verkündet: 200 Mark Geldstrafe für Linnekogel.

*

Nun aber zurück nach Stadelheim zu unserem Häftling Ludwig Thoma. Er war keineswegs zerknirscht und schreibt am 18. Oktober 1906 aus »Stadelheim, Zelle 71« an Haußmann:

»Ich . . . ersuche Dich, die Verhandlung in Stuttgart, sagen wir, nicht vor dem 5. Dezember anberaumen zu lassen.« (Es waren ja, wie schon wiederholt erwähnt, oft mehrere Prozesse gleichzeitig gegen Ludwig Thoma und den »Simplicissimus« in der Schwebe.) »Denn Du wirst das begreifen, ich möchte wirklich nicht sofort nach Erlangung der Freiheit, als erstes eine Begegnung mit Herrn Kohlhund haben, dem ich übrigens, wenn Gott alles schön fügt, liebliche Melodien vorsingen werde.«

Offenbar war irgendeine Verhandlung auf einen Zeitpunkt anberaumt, in dem Thoma seine Strafe noch nicht abgebüßt hatte. So erklärt sich der folgende Text dieses Briefes:

»Zur Sache: Ich würde mit Transporteur nach Stuttgart geschafft, würde in das Stuttgarter Gefängniß abgeliefert und hätte dort zu übernachten. Ich befinde mich hier wohl und finde, soweit die Hausordnung eine Möglichkeit bietet, jedes Entgegenkommen. Die Reise nach Stuttgart wäre mir sehr unangenehm.«

Der Zufall wollte es, daß Thoma in seiner Zelle eine Broschüre in die Hand bekam, die die Predigt zur Eröffnung des Magdeburger Sittlichkeitskongresses 1906 brachte, welche der Hofprediger Ohly von Berlin hielt. Aus ihr notiert er sich unter dem 29. Oktober 1906 folgenden Satz:

»Da kommen dann moderne Literaten, die auf die Lüsternheit spekulieren und sie als Vorspann für ihre geschäftlichen Interessen benutzen – und werfen Kot an das evangelische Pfarrhaus und verleumden es, daß in ihm die Unsittlichkeit getrieben wird, in der sie beständig denken und leben. Darf uns da nicht heiliger Zorn pakken? Dürfen wir da nicht nach der Geißel gerichtlicher Verurteilung greifen? Sie ist über den unsauberen Gesellen geschwungen worden – ob mit erzieherischem Erfolg, ist freilich bei der tempelschänderischen Art zweifelhaft.«

Dazu aber macht er folgende Anmerkung:

»Die Stelle hat mir eine Viertelstunde wirklichen Vergnügens verschafft. Der unsaubere Geselle bin nämlich ich ... Der erzieherische Erfolg der Strafe ist gar nicht zweifelhaft. Ich werde als glühender Verehrer des Gottesmannes Luther und der Evangelischen Kirche diesen düsteren Ort verlassen. Ich gehe sogar mit dem Gedanken um, zu Luthers Werken ein Verzeichnis zu verfassen und zu konstatieren, wie oft der Gottselige die Darmfunktionen zur Bekräftigung seiner auferbaulichen Worte angezogen hat.«

Schöpferische Haft: die »Moral«

Wir haben nun über viele Seiten über den grantigen »Simplicissimus«-Autor Thoma und sein mißratenes Gedicht gesprochen, über den Angeklagten Thoma und über den Gefangenen Thoma, nun hat sich Thoma aber gerade an dem Thema »Sittenordnung und pharisäische Sittlichkeitsapostel« auch als Dichter versucht und ist dabei zur höheren Wahrheit und zur künstlerischen Gestaltung vorgedrungen.

Noch in den Tagen seiner Stadelheimer Haft konzipierte er seine Komödie »Moral«, mit der er die mit guten Komödien nicht gerade überreich gesegnete deutsche Literatur bereichert hat. In ihr bewältigt er das Thema mit der Sprache des Dichters, das er als verärgerter »Simplicissimus«-Journalist verfehlt hatte. Freilich sind die scheinheiligen Sittlichkeitsapostel nur im dichterischen Sinn »echt«, mit dem Lizentiaten des Prozesses und den Kölner Kongreßrednern haben sie nichts gemein, so daß die »Moral« also keine sozusagen bloß verbesserte Neuauflage jenes Gedichtes ist.

Wie er darum rang, diesmal echte Töne zu finden und lebendige Dialoge zu gestalten, gesteht er in seinem Stadelheimer Tagebuch selbst:

»Ich fühle wieder bei meinen Vorarbeiten zu ›Papa Beermann‹ (so lautete zunächst der Arbeitstitel), wie unnatürlich die hochdeutsche Sprache im Dialog ist. Es klingt immer wie gedruckt, nicht wie gesprochen.« (23. 10. 06)

Am 28. Oktober 1906 heißt es in seinem Tagebuch:

»Ich habe viel gearbeitet. Heute vormittag schrieb ich in Zeit von einer halben Stunde den Entwurf des zweiten Aktes von ›Papa Beermann‹ hin, und ich glaube, daß es vollkommen stehenbleiben kann, und daß die Szenenfolge keiner Änderung bedarf. In der Ausarbeitung des ersten Aktes macht mir der Dialog zwischen Beermann und Fräulein Lund größere Schwierigkeiten. Es sollen darin gute Sachen über die Sittlichkeitsbewegung gesagt werden, welche dabei lustig und bühnenfähig bleiben sollen. Das ist schwer.«

Wie gut es ihm gelungen ist, wissen wir. Einige Sätze aus der »Moral« sollen uns daran erinnern. Frau Lund hält den bramarbasierenden Männern einige Wahrheiten vor:

»Wir Frauen schätzen auch die Sparsamkeit, und wir sehen es nicht gerne, wenn die Männer mehr Moral ausgeben als sie haben.«

Und als Professor Wasner auf seine Sammlung unsittlicher Bilder und Texte beschwörend hinweist, antwortet Frau Lund:

»Ich brauche ihre Galerie nicht zu sehen. Ich sage Ihnen nur, daß mich das schmutzigste Bild nicht stärker abstoßen könnte als die Art, wie Sie in Ihren Versammlungen reden.«

Ein besonders schönes Andenken setzt der Dichter seinem Verteidiger Conrad Haußmann im Justizrat Hauser, den er folgendes sagen läßt:

»Ich denke dabei ...« (gemeint ist die Tätigkeit der Sittlichkeitsvereine) »... immer an Hungerkünstler, die heimlich essen.«

Die »Moral« weist Thoma als Dichter von Rang aus. Wie Shakespeare und alle Großen die Zehn Gebote und die Schöpfungsordnung nicht in Zweifel ziehen, wenn sie ihre Gestalten im Kampfe mit eben dieser göttlichen Sittenordnung zeigen, so hat Thoma gelernt zu unterscheiden zwischen uns hinfälligen und eitlen Individuen, die das Mitgefühl ihrer Zeitgenossen verdienen, und der Schöpfungsordnung selbst. So ist vielleicht der ernsteste Satz in der ganzen »Moral«, gleichsam der perspektivische Fluchtpunkt seines Dramas, der, den er Justizrat

Hauser in den Mund legt, als Antwort an den Präsidenten des Sittlichkeitsvereins, der ein Opfer jener verführerischen Dame geworden war und bei Hauser Rat erbittet:

»Ich soll vielleicht erschüttert sein über Ihren Sündenfall? Wozu denn? Was hätten Sie davon? Aber so seid Ihr. Solang man keine Beweise hat, muß Eure Tugend immer bengalisch beleuchtet sein, und wenn Ihr aufkommt, sollen sogar Eure kleinen Lasterchen in einem merkwürdigen Licht erscheinen. Nee, lieber Freund! Die sittliche Weltordnung kriegt keinen Riß, weil Sie auf die Nase gefallen sind.«

*

Über das Ende dieser literarisch so fruchtbaren sechs Stadelheimer Wochen berichten die »Münchner Neuesten Nachrichten« unter dem 27. November 1906 etwas mokant:

»Dr. Ludwig Thoma ist heute Nachmittag 4½ Uhr aus dem Gefängnis Stadelheim entlassen worden. An der Pforte erwarteten ihn außer seiner Frau eine Anzahl von Freunden, die bei seinem Erscheinen in ein Hoch ausbrachen. Dr. Thoma, der etwas blaß aussieht, aber bei gutem Humor ist, bestieg ein bereit gehaltenes Automobil.«

Seine Frau war es gerade nicht, die unseren Helden am Gefängnistor erwartete, er hat die eben geschiedene Marion Schulz erst am 26. März 1907 geheiratet. Aber das Verhältnis zu Marion und zu Frauen überhaupt wäre wieder eine eigene Geschichte und gäbe ein neues Buch aus dem widerspruchsvollen Leben und Treiben unseres Ludwig Thoma.

Daten zu Ludwig Thomas Lebenslauf

Die Angaben sind zum großen Teil der sehr viel ausführlicheren Zusammenstellung im »Großen Ludwig-Thoma-Buch« von Richard Lemp entnommen.

21. Januar 1867	Ludwig Thoma um 11 Uhr in Oberammergau geboren, um 15 Uhr Taufe durch den katholischen Pfarrer
Oktober 1873 bis August 1874	Besuch der Volksschule in Forstenried
26. Sept. 1874	Tod von Thomas Vater
Dezember 1874 bis August 1875	Besuch der Volksschule in Landstuhl (Pfalz)
1876	Besuch der dortigen Lateinschule
1877	Aufnahme in die zweite Klasse des Studienseminars Neuburg a. d. Donau
1878/79	Wiederholung der zweiten Lateinklasse an der Studienanstalt in Burghausen
1879 bis 1885	Übertritt an das Wilhelmsgymnasium in München, wo T. eine Klasse wiederholt
1885/86	Besuch der vierten Gymnasialklasse der Studienanstalt Landshut
4. August 1886	Abiturzeugnis
1886/87	Besuch der Forstlehranstalt in Aschaffenburg; aktive Mitgliedschaft beim Corps »Hubertia«
1887/88	Wechsel zum Studium der

	Rechte an der Universität München; aktive Mitgliedschaft beim Corps »Suevia«
23. Oktober 1888 bis 25. Juni 1890	Fortsetzung des Studiums an der Universität Erlangen
1. August 1890	Befähigungszeugnis zum Eintritt in den juristischen Vorbereitungsdienst
1. September 1890 bis 31. Mai 1891	Rechtspraktikum am Amtsgericht Traunstein
6. Dezember 1890	mündliche Doktorprüfung an der Universität Erlangen
3. August 1891	Approbation zum Dr. jur. an der Universität Erlangen
1. Juni 1891 bis 29. Februar 1892	Fortsetzung des Rechtspraktikums am Landgericht Traunstein
1. März 1892 bis 31. Januar 1893	Vorbereitungspraxis am Bezirksamt Traunstein
1. bis 28. Februar 1893	Rechtspraktikum im Stadtmagistrat München
1. März bis 31. August 1893	Vorbereitungspraxis bei Rechtsanwalt Dr. Theodor Loewenfeld in München
13. April 1894	Zeugnis für die im Dezember 1893 bestandene zweite Prüfung für den höheren Justiz- und Verwaltungsdienst (Gesamtnote II, Platzziffer 176 unter 303 Kandidaten)
2. Juni 1894	Tod von Thomas Mutter
17. Oktober 1894	Zulassung als Rechtsanwalt
1. April 1897	Aufgabe der Anwaltspraxis in Dachau und Übersiedlung nach München

7. April 1897	Eintragung in die Anwaltsliste beim Landgericht München II
Dezember 1897	Anschluß an die Mitarbeiter des im Jahr zuvor gegründeten »Simplicissimus«
August 1899	Angebot des Verlegers Albert Langen für ständige Mitarbeit als Redakteur des »Simplicissimus«
15. September 1899	Verkauf der Anwaltskanzlei an den Sozius
1902	Bekanntschaft mit Ludwig Ganghofer
6. Mai 1902	Radtour nach Italien
9. Januar 1903	Beginn der Freundschaft mit Ignaz Taschner
März/April 1903	Aufenthalt in Rom
30. März bis Ende Mai 1904	Radtour nach Südfrankreich, Algier und Italien
25. Oktober 1904	Veröffentlichung des »Simplicissimus«-Gedichts »An die Sittlichkeitsprediger in Köln am Rheine« unter dem Pseudonym »Peter Schlemihl«
26. März 1905	Hauptverhandlung vor der Strafkammer des Landgerichts Stuttgart wegen Beleidigung der Polizei in Königsberg
6. Mai 1905	Einladung von Seiten Thomas, zu der Albert Langen Ts. spätere Frau mitbringt: die Tänzerin Marietta di Rigardo, verheiratete Maria Schulz, geboren als Maria Trinidad de la

	Rosa am 12. oder 25. Mai 1880 in Quiapo auf Manila
26. Juni 1905	Urteil des Landgerichts Stuttgart
13. Januar 1906	Freispruch Thomas durch das Landgericht München I von der Anklage eines Vergehens wider die Sittlichkeit
22. Februar 1906	Verwerfung von Thomas Revision gegen das Stuttgarter Urteil durch das Reichsgericht in Leipzig
Juni 1906	Scheidung Marions (Maria Schulz) von ihrem Mann David Georg Schulz
16. Oktober bis 27. November 1906	6 Wochen Gefängnis in Stadelheim
26. März 1907	Eheschließung mit Marion vor dem Standesamt München, Hochzeitsreise nach Florenz
20. November 1908	Uraufführung der »Moral« in Berlin
14. Februar 1911	Trennung von Marion
30. Juni 1911	Gerichtliche Scheidung von Marion
1. bis 22. April 1915	Sanitätsdienst beim Roten Kreuz als Freiwilliger an der Westfront
26. April 1915	Sanitätsdienst an der Ostfront in Galizien und Rußland
6. Juni 1915	Auszeichnung mit dem Eisernen Kreuz II. Klasse
August 1915	Erkrankung an der Ruhr in Brest-Litowsk

1. September 1915	Rückkehr in die Heimat
Juli/August 1917	Anschluß an die Deutsche Vaterlandspartei, Beendigung der Mitarbeit am »Simplicissimus«
8. August 1918	Wiedersehen mit Maria (Maidi) Liebermann von Wahlendorf (1884 bis 1971), der Tochter des Champagnerfabrikanten Feist aus Frankfurt a. M., bei einem Konzert von Leo Slezak in der Überfahrt in Egern; Beginn des Kampfes um die Ehe mit ihr, wobei Thoma in den ihm noch verbleibenden 3 Jahren an sie 828 Briefe und 13 Karten schreibt und von ihr 197 Briefe, 12 Karten und 17 Telegramme erhält
26.–29. April 1919	Reise nach Stuttgart und Treffen Maidi von Liebermanns im Hause Haußmann
3. Juli 1919	Aufgabe der Rechtsanwaltszulassung und Löschung aus der Anwaltsliste beim Landgericht München II
13. Dezember 1919	T. erhält das Band der Studentenverbindung »Suevia« zurück, dessen er 1888 »infolge eines Mißerfolges bei einer externen Reinigung« für verlustig erklärt worden ist; Mitgliedschaft beim Tegernseer Chorphilisterverein »Visigo-

	thiae-Rostock«
15. Juli 1920	Erster (anonymer) Artikel im »Miesbacher Anzeiger«
5. August 1921	Abfassung des Testaments, wonach Maidi Liebermann von Wahlendorf Alleinerbin wird und jedes seiner Geschwister 200 000 Mark erhalten soll
6. August 1921	Operation wegen Magenkrebses
26. August 1921	T. stirbt um 21.30 Uhr
29. August 1921	Beerdigung in Egern; Conrad Haußmann hält die Leichenrede

Ludwig Thomas Vorfahren

Der Stammbaum Ludwig Thomas ist überraschenderweise noch nicht vollständig erforscht. Vor allem fehlen genauere Daten und Angaben über seine sieben Geschwister. Über die Vorfahren Ludwig Thomas verdanken wir eine recht instruktive Zusammenfassung Adolf Roth (Familie und Volk, Zeitschrift für Genealogie und Bevölkerungskunde, September/Oktober 1953, Seite 369 ff.). Auf seinen Forschungsergebnissen und privaten Ergänzungen aus den Pfarrbüchern beruht die folgende Übersicht. Sie ist lückenhaft, aber doch recht lehrreich.

Roth kam hier auf recht überraschende Zusammenhänge: So ist der Komponist Max Reger mit Thoma blutsverwandt, außerdem der Staatsrechtslehrer Ludwig von Seydel und der Heimatschriftsteller Ludwig Ganghofer; auch eine auf gemeinsame Vorfahren aus dem 17. Jahrhundert zurückgehende Verwandtschaft mit dem Admiral Franz von Hipper, dem Komponisten Richard Strauss und dem Dichter Josef Ruederer, dazu mit dem weltbekannten Oberammergauer Christusdarsteller Anton Lang konnte nachgewiesen werden.

Roth erklärt das Zerrissene und Gespaltene in Ludwig Thomas Werk und Leben mit der »Kontrastehe« seiner Eltern:

»Im Gegensatz zu der landschaftlich, stammesmäßig und sozial durcheinandergewürfelten väterlichen Vorfahrenschaft Ludwig Thomas waren die mütterlichen Vorfahren doch recht einheitlich. Sie stammen alle aus dem Pfaffenwinkel, aus dem Gebiet zwischen Isar und Lech, zwischen dem Starnberger- und Ammersee und dem Gebirge. Alle, auch die Neuner aus Tirol, waren dem Stamm nach Altbayern. Sie gehören alle zu der breiten Schicht ansehnlicher Bauern und Wirte, die mit zahlreichen Klöstern der Gegend nicht nur dadurch verbunden

Joseph Ritter von Thoma
* 29. 1. 1767 Amberg
† 22. 8. 1849 München
Geheimer Oberforstrat im Finanzministerium
Klosteraufhebungskommissar in Rottenbuch
[Sein Vater war Christoph Adam Bernhard T. * 26. 9. 1735 Waldsassen, verheiratet (1. 9. 1765) mit der Maurermeisterstochter Maria Wolf (* 8. 1. 1745 Amberg). Rentkammersekretär, Grenzmautner und Oberumgelder-Amtsgegenschreiber]

6. 6. 1791 ⚭

Sabine Freiin von Heppenstein auf Kronburg
* 29. 11. 1773 München
† 18. 5. 1816 München

Caspar Ritter von Reiner
* 21. 1. 1769 Murnau
† 6. 4. 1841 München
Salinenrat und Hauptsalzoberinspektor, Ritter des Zivildienstordens der Bayerischen Krone

26. 9. 1800 ⚭

Amanda Kö
* 23. 2. 177
Fichtelberg

Franz Thoma
* 14. 1. 1798 Waldsassen
† 10. 2. 1862 Kaufbeuren
Forstmeister in Kaufbeuren

13. 1. 1822 ⚭

Henriette Reiner
* 21. 4. 1801 Fichtelberg (Ofr.)
† 31. 1. 1871 Lenggries

Max Thoma
* 7. 11. 1822 Rottenbuch
Revier-Oberförster und Parkmeister in Forstenried
† 26. 9. 1874 Forstenried

1. Max Thoma
* 1. 10. 1858 Grassau

2. Maria Thoma
* 21. 11. 1860 Grassau

3. Peter Thoma
* 7. 10. 1864 Partenkirchen

4. Franz Th
* 5. 12. 186
† 27. 12. 18

Stammbaum Ludwig Thomas

Gilbert Pfeiffer
* 5. 9. 1756 Oberammergau
† 18. 10. 1832 Oberammergau
Wirt in Oberammergau

10. 11. 1783 ⚭

Eva Maria Plaichner

Andreas Neuner
* 27. 11. 1739 Hinterrieß
† 24. 8. 1811 Oberau
Ettaler Oberjäger und Wirt unterm Berg in Oberau

17. 6. 1794 ⚭

Maria Creszentia Zwerger
* 26. 1. 1772 Spatzerhausen
† 5. 8. 1848 Oberau

Martin Pfeiffer
* 26. 4. 1797 Oberammergau
† 29. 9. 1846 Oberammergau
Posthalter und Schwabenwirt in Oberammergau

7. 7. 1823 ⚭

Maria Katharina Neuner
* 30. 1. 1798 Oberau
† 17. 8. 1852 Oberammergau

14. 12. 1857 ⚭

Katharina Pfeiffer
* 22. 11. 1831 Oberammergau
† 2. 6. 1894 Seebruck (Chiemsee)

5. Ludwig Thoma
* 21. 1. 1867 Oberammergau
† 26. 8. 1921 Rottach
Heirat 26. 3. 1907 München mit der geschiedenen Maria Schulz, geb. Trinidad de la Rosa (Marion), geb. am 12. oder 25. Mai 1880 in Quiapo (Manila)

6. Katharina Thoma
* 21. 10. 1868 Lenggries

7. Aloisia (Luise) Thoma
* 7. 5. 1872 Lenggries

8. Bertha Thoma
verh. Zurwesten
* 10. 12. 1873 Forstenried
† 6. 3. 1938 München

waren, daß sie ihnen grunduntertänig waren, sondern auch dadurch, daß die Äbte und Mönche dieser Klöster, große Bauherren und große Gelehrte, überwiegend aus dieser gleichen Schicht stammen. Waren die väterlichen Vorfahren mit ihrem ausschlaggebenden schwäbischen und fränkischen Einschlag überwiegend verstandesbetont und fortschrittsgläubig, waren die mütterlichen Vorfahren traditionsgebunden und konservativ, Eigenschaften, die dem Bauernstand und dem bayerischen Stamm ja überhaupt nachgesagt und vorgeworfen werden.

Ludwig Thoma war, wie die Biologen und Soziologen zu sagen pflegen, der Sohn einer Kontrastehe. Diesen Kontrast hat Ludwig Thoma im Blut gehabt, und er hat ihn im Milieu seines Elternhauses erfahren, in dem sich diese Kontraste durchdrungen haben ... Wenn man in der Betrachtung seines Werkes und seines Lebens nicht an der Oberfläche bleibt, dann merkt man schon, daß sich die Kontraste seiner Herkunft in seinem Werk und Leben widerspiegeln, und man merkt auch, daß Ludwig Thoma diesen Kontrast in sich gespürt hat ... Vor der Welt seines Vaters hat er einen großen Respekt gehabt. Die Welt seiner Mutter hat er geliebt ...«

Bücher und Aufsätze über Ludwig Thoma

Eine vollständige Sammlung aller Briefe von und an Ludwig Thoma und aller einschlägigen Dokumente aus seinem Leben und Schaffen fehlt. Informative Zusammenstellungen, Überblicke und Hinweise gibt es allerdings.

Das meiste (461 Briefe und Karten) findet sich im Ludwig-Thoma-Archiv der Stadtbibliothek München. Worum es sich dabei im einzelnen handelt, hat der Verwalter dieses Archivs, Richard Lemp, auf 56 Seiten sehr genau zusammengestellt und beschrieben in dem von der Stadtbibliothek München 1967 herausgegebenen Jubiläumsband »Ludwig Thoma zum 100. Geburtstag«. Auf weiteren 48 Seiten desselben Bandes hat der Leiter der Monacensia-Abteilung, Ludwig Hollweck, die Literatur über Ludwig Thoma verzeichnet, die in der Stadtbibliothek vorhanden ist, Bücher und vor allem Zeitschriften, Zeitungen usw. Dazu kommen Hunderte von Briefen Thomas an Conrad Haußmann; sie liegen im Hauptstaatsarchiv Stuttgart, dessen Direktor Dr. Gönner mir gestattete, sie einzusehen und zu kopieren.

Die folgende Liste wichtiger Publikationen über Ludwig Thoma ist überwiegend entnommen dem leider vergriffenen Bändchen »Ludwig Thoma in Selbstzeugnissen und Bilddokumenten«, dargestellt von Fritz Heinle (Rowohlt, 1963, 161 Seiten):

Bald, Gustav: Die politisch-satirische Lyrik, ein publizistisches Kampfmittel. (Dargestellt an den satirischen Zeitschriften Münchens: »Jugend«, »Simplicissimus« und »Brennessel«.) Diss. Erlangen 1933. IV, 120 S. (Hekt.).

Becker, Albert: Ludwig Thomas westmärkisch-pfälzisches Zwischenspiel. In: Germanisch-Romanische Monatsschrift 30 (1942), S. 220–222.

Beyschlag, Siegfried: Ludwig Thomas Romandichtung. In: Euphorion 47 (1953), S. 79–96.

Boeschenstein, Hermann: Zu Ludwig Thomas »Andreas Vöst«. In: Germanic review 11 (1936), S. 207–213.

Brehm, Friedl: Sehnsucht nach Unterdrückung. Zensur und Presserecht bei Ludwig Thoma. Feldafing 1957. 14 S.

Brehm, Friedl: Zehn haben neun Meinungen. Kritik und Kritiker bei Ludwig Thoma. Feldafing 1958. 15 S.

Cornelius, Eva: Das epische und dramatische Schaffen Ludwig Thomas. Diss. Breslau 1939. 77 S.

Dehnow, Fritz: Ludwig Thoma. München 1925. 162 S.

Diamond, W.: Ludwig Thoma. In: Monatshefte für deutschen Unterricht 21 (1929), S. 97–101.

Drews, Arthur. Ludwig Thoma. In: Preußische Jahrbücher 178 (1919), S. 340–345.

Fuchs, Georg: Sturm und Drang in München um die Jahrhundertwende. München 1936. 264 S.

Geramb, Viktor von: Der Thoma Ludwig. In: Geramb, Verewigte Gefährten. Ein Buch der Erinnerung. Graz 1952 – Wiederabdruck in: Der Zwiebelturm 7 (1952), S. 295–299.

Gluth, Oskar: Ludwig Thoma. In: Deutsches biographisches Jahrbuch. Bd. 3. Das Jahr 1921. Stuttgart 1927. S. 257–263.

Halmbacher, Hans: Ludwig Thoma und sein Jäger Bacherl. Bearb. von Walther Ziersch. München 1933. 77 S. – 3. Aufl. 1954, 103 S.

Hederer, Edgar: Ludwig Thoma. München 1941. 48 S. – Teilabdruck in: Das innere Reich 8, I (1941/42), S. 264–269.

Heilbronner, Walter L.: Ludwig Thoma as a social and political critic and satirist. Diss. Michigan 1955. 180 S.

Heilbronner, Walter L.: A reappraisal of Ludwig Thoma. In: German quarterly 30 (1957), S. 247–253.

Heiseler, Bernt von: Ludwig Thoma, der Dichter. In: Die Sammlung 12 (1957), S. 25–32.

Heiseler, Bernt von: Ludwig Thoma, der Dichter. In: Heiseler, Ahnung und Aussage. Essays, München 1939 – Neue Ausg.: Gütersloh 1952. S. 138–147 – 2. Aufl. 1955.

Hermann, Georg: Ludwig Thoma. In: Das literarische Echo 8 (1905/06), Sp. 773–781.

Herzog, Wilhelm: Ludwig Thoma. In: Herzog, Menschen, denen ich begegnete. Bern 1959. S. 405–415.

Hofmiller, Josef: Herbsttage mit Ludwig Thoma. In: Hofmiller, Bayernbüchlein. München 1936 (Die kleine Bücherei. 65) – Wiederabdruck in: Hofmiller, Südlich des Mains. München, Leipzig 1948 (Kleine Bücherlese. 10) S. 53–61.

Hofmiller, Josef, und Hochgesang, Michael (Hrsg.): Ausgewählte Briefe. München (A. Langen) 1927. XII, 269 S. – 2. Aufl. 1941.

Holm, Korfiz: Ludwig Thoma, wie ich ihn erlebte. In: Das innere Reich 3, II (1936/37), S. 1268–1283 – Gekürzte Wiederabdrucke in: Holm, Farbiger Abglanz. München 1940 (Die kleine Bücherei. 113) – Neuaufl. München 1947. S. 157–173 – In: Holm, Ludwig Thoma und Olaf Gulbransson, wie ich sie erlebte. München 1953.

Keller, Anton (Hrsg.): Ludwig Thoma, ein Leben in Briefen (1875–1921). München 1963. 503 S. (Piper-Verlag)

Knaus, Albrecht: Der Dichter in der Tuften. In: Bayerland 58 (1956), Sonderheft.

Lehner, Rudolf: Das epische Werk Ludwig Thomas. Diss. München 1954. 173 Bll. (Masch.)

Lemp, Richard: Das Große Ludwig Thoma Buch. München 1974. (Piper-Verlag)

Liebermann, Maidi von: Erinnerung an Ludwig Thoma. In: Bayerland 56 (1954), S. 188–190 – Auch in: Ludwig Thoma, Moral. (Und:) Aus Ludwig Thomas Stadelheimer Tagebuch. Wien, München, Basel 1954 (Welt des Theaters).

Mayer-Pfannholz, Adolf: Ludwig Thoma. (1921) In: Der Zwiebelturm 11 (1956), S. 193–194.

Müller, Karl Alexander von: Zu Ludwig Thomas 30. Todestag. (Ansprache) In: Müller, Unterm weißblauen Himmel. Stuttgart 1952. S. 186–200.

Peuckert, Will-Erich: Ludwig Thoma. In: Zeitschrift für deutsche Philologie 71 (1951/52), S. 369–373.

Porhansl, Anton: Ludwig Thoma und seine bäuerlichen Romane. Diss. Wien 1937. 269 Bll. (Masch.).

Raithel, Hans: Ludwig Thoma. In: Ober-Deutschland 3 (1921), S. 143–148.

Roth, Adolf: Ludwig Thomas Vorfahren. In: Familie und Volk 2 (1953), S. 369–374 – Wiederabdruck in: Bayerland 58 (1956), Sonderheft.

Rothmaier, Richard: Mein Freund Ludwig Thoma. Hg. von Friedl Brehm. Altötting 1949. 75 S. (Bücher der Heimat. 37).

Sandrock, James Paul: The art of Ludwig Thoma. Aspects of Thoma's art in representative works. Diss. Jowa City 1961. III, 161 S. (Hekt.).

Scher, Peter: Der Thoma von dazumal. In: Neue literarische Welt 3 (1952), Nr. 8, S. 16.

Sieghardt, August: Ludwig Thomas oberpfälzische Abstammung. Neue Forschungsergebnisse. In: Oberpfalz 44 (1956), S. 179–180.

Schneider, Ludwig: Ludwig Thoma. Versuch einer geistesgeschichtlichen Einordnung. In: Weltstimmen 22 (1953), S. 342–349.

Stark, Anna: Die Bauern bei Ludwig Thoma mit besonderer Berücksichtigung der Dachauer Bauern. Diss. München 1937. 100 S.

Stemplinger, Eduard: Ludwig Thoma als Altbayer. Altötting 1948. 84 S. (Bücher der Heimat. 27).

Wieser, Sebastian: Rudolph Greinz und Ludwig Thoma. Charakterbilder aus Münchens Schriftstellertum. In: Die Bücherwelt 16 (1919), S. 41–48.

White, D. V.: Ludwig Thoma as a political satirist. In: German life and letters 13 (1959/60), S. 214–219.

Ziersch, Walther (Hrsg.): Ludwig Thoma. Die Geschichte seiner Liebe und Ehe. Aus Briefen und Erinnerungen. München 1928. 267 S.

Ziersch, Walther: Ludwig Thoma und die Münchner Stadt. Mit einer Handschrift von Ludwig Thoma. Gauting 1936 X, 139 S.

Ziersch, Walther: Wie Ludwig Thoma Jagdkönig wurde und andere Thoma-Erinnerungen. München 1929. 223 S.

Anmerkungen

1 »Die XVI Allgemeine Konferenz der deutschen Sittlichkeitsvereine in Köln vom 2. bis 4. Oktober 1904«, Herausgeber P. Lic. Bohn, Bln. 1904, Verlag der Geschäftsstelle der deutschen Sittlichkeitsvereine A. Dartsch (72 Seiten).

2 Olaf Gulbransson, geb. in Christiania (heutiges Oslo) am 26. Mai 1873. Maler, vor allem Zeichner, einer der bedeutendsten Karikaturisten seiner Zeit. Ständiger Mitarbeiter des »Simplicissimus«. Übersiedelte schon 1902 nach München; starb am 18. Sept. 1958 in seinem Haus am Tegernsee.

3a Licentiat, in neuerer Zeit nur mehr bei evangelischen Theologen üblich, ist ein Universitätsgelehrter, der durch eine eigene Prüfung das Recht zu lehren (licentia docendi) erlangte, aber die mit großen Kosten verbundene Promotion für den Doktorgrad nicht mehr durchmachte.

3b Das Wort »Schöps«, im Schwäbischen für »Hammel« gebraucht, kommt aus altslawisch skopiti, »verschneiden«, das noch heute in tschechisch skopec, »verschnittener Schafbock«, weiterlebt. Luther verwendet »Schöps« in seiner Übersetzung von 3. Mos. 3, Vers 6 u. Tob. 7, 9; Eck und die Zürcher Bibel setzen dafür »männliches Schaf«.

4 Die hier interessierenden Teile dieser Bestimmungen lauten:

§ 185 Strafgesetzbuch: »Die Beleidigung wird mit Geldstrafe bis zu 600 Mark oder mit Haft oder mit Gefängnis bis zu einem Jahr ... bestraft.«

§ 196 Strafgesetzbuch: »Wenn die Beleidigung gegen eine Behörde, einen Religionsdiener oder ein Mitglied der bewaffneten Macht, während sie in der Ausübung ihres Berufes begriffen sind, oder in Beziehung auf ihren Beruf begangen ist, so haben außer den unmittelbar Beteiligten auch deren amtliche Vorgesetzte das Recht, den Strafantrag zu stellen.«

§ 200 Strafgesetzbuch:

(1) »Wird wegen einer öffentlichen oder durch Verbreitung von Schriften, Darstellungen oder Abbildungen begangenen Beleidigung auf Strafe erkannt, so ist zugleich dem Beleidigten die Befugnis zuzusprechen, die Verurteilung auf Kosten des Schuldigen öffentlich bekanntzumachen. Die Art der Bekanntmachung, sowie die Frist zu derselben ist in dem Urteile zu bestimmen.«

(2) »Erfolgt die Beleidigung in einer Zeitung oder Zeitschrift, so ist der verfügende Teil des Urteils auf Antrag des Beleidigten durch öffentliche Blätter bekanntzumachen, und zwar wenn möglich durch dieselbe Zeitung oder Zeitschrift in demselben Teile und in derselben Schrift wie der Abdruck der Beleidigung geschehen.«

(3) »Dem Beleidigten ist auf Kosten des Schuldigen eine Ausfertigung des Urteils zu erteilen.«

§ 20 Reichspreßgesetz:

(1) »Die Verantwortlichkeit für Handlungen, deren Strafbarkeit durch den Inhalt einer Druckschrift begründet wird, bestimmt sich nach den allgemeinen Strafgesetzen.«

(2) »Ist die Schrift eine periodische, so ist der verantwortliche Redakteur als Täter zu bestrafen, wenn nicht durch besondere Umstände die Annahme seiner Täterschaft ausgeschlossen wird.«

Artikel 12 des württembergischen Ausführungsgesetzes vom 27. Januar 1879 zum Reichs-Gerichtsverfassungsgesetz vom 24. Januar 1879 (Regierungs-Blatt für das Königreich Württemberg Nr. 2 vom 27. Januar 1879, Seite 6): »Die Schwurgerichte sind auch ferner zuständig für die durch die Presse gegangenen Verbrechen und Vergehen, mit Ausnahme ... derjenigen Fälle, in welchen die Verfolgung nur auf

Antrag eintritt.« Im vorliegenden Fall ist daher, wie bei anderen Vergehen dieser Art auch, die Strafkammer des Landgerichts zuständig. Der Staatsanwalt hätte sich mit seiner Anklage also statt an das Schwurgericht richtigerweise an die Strafkammer wenden müssen.

Konsequenterweise hätte der Staatsanwalt, da er Thoma auch der Beschimpfung der evangelischen christlichen Kirche beschuldigt, auch noch § 166 Strafgesetzbuch nennen müssen, die lautet: »Wer dadurch, daß er öffentlich in beschimpfenden Äußerungen Gott lästert, ein Ärgernis gibt, oder wer öffentlich eine der christlichen Kirchen ... oder ihre Einrichtungen oder Gebräuche beschimpft ... wird mit Gefängnis bis zu drei Jahren bestraft.«

5 Nähere Hinweise auf diese »feststehende Praxis des Reichsgerichts« nennt der Staatsanwalt nicht. Er hätte aber auf interessante Präjudizien hinweisen können, die freilich nicht alle in seinem Sinne gewesen sein dürften.

So etwa das Urteil des III. Strafsenats des Reichsgerichts vom 12. 11. 1885 (= Rechtsprechung des Deutschen Reichsgerichts in Strafsachen, herausgegeben von den Mitgliedern der Reichsanwaltschaft, 7. Bd., S. 658: Dort hatte ein Angeklagter bei einer kritischen Besprechung des »Alten Testaments der Bibel als Gegenstand des Religionsunterrichts in der Schule« in bezug auf die Berichte über Abrahams Opfer die Ausdrücke »Mummenschanz«, »Hokuspokus«, »Unsinn« gebraucht. Das Landgericht in Leipzig hatte den Angeklagten verurteilt. Das Reichsgericht hat diese Verurteilung aufgehoben und eine neue Verhandlung anberaumt: »Angriffe gegen einzelne Lehren der Bibel, insbesondere des Alten Testaments, sind nur dann Angriffe gegen die christliche Kirche und ihre Einrichtungen, wenn feststeht, daß die Bibel als solche und als dogmatische Grundlage des christlichen Glaubens angegriffen ist, nicht bloß die einzelne Lehre und ihre Verwendung für bestimmte Zwecke«. Das Reichsgericht rügt an dem angegriffenen Urteil, daß geprüft und festgestellt hätte werden müssen, ob die inkriminierten Äußerungen auf die Bibel im ganzen und schlechthin oder nur auf den Schulgebrauch und auf den Eindruck zu beziehen sind, welchen einzelne alttestamentarische Erzählungen auf die Schüler zu machen geeignet sein können. Auf dieses Urteil hätte der Staatsanwalt also eine Verurteilung Thomas schwerlich stützen können.

In einem späteren Urteil vom 27. Juni 1907 (Amtliche Sammlung Bd, 40, 262 ff.), das erst nach dem Stuttgarter Prozeß bekannt wurde, hat das Reichsgericht folgendes entschieden: »Die Annahme, daß der gegen die Bibel gerichtete Angriff mittelbar die christliche Kirche traf, steht im Einklange mit der Rechtsprechung des Reichsgerichts (Rechtspr. in Strafs. Bd. 7 S. 658). Das angefochtene Urteil verkennt nicht, daß nicht jeder Angriff gegen die Bibel eine Schmähung der christlichen Kirche darstelle; es legt aber Gewicht auf Inhalt, Sinn und Zweck der Äußerung und gelangt so auf dem Wege konkreter Beurteilung zu der Feststellung, daß der Angeklagte die Bibel in ihrer dogmatischen Bedeutung für den christlichen Lehrbegriff, nicht in ihrer Eigenschaft als Mittel des Schulunterrichts gemeint und getroffen habe, also, wie es an einer anderen Stelle des Urteils heißt, die Bibel als die Grundlage des christlichen Glaubens und der christlichen Kirche. Hieraus konnte ohne Rechtsirrtum gefolgert werden, daß seine Äußerung sich gegen die christliche Kirche gerichtet hat. Daß hierauf auch der Wille des Angeklagten zielte, ist gleichfalls festgestellt. Endlich ist auch die Annahme des Merkmals des Beschimpfens schon mit Rücksicht auf den sprachlichen Inhalt der Äußerung, namentlich auf den Gebrauch der Ausdrücke: »Lügenbuch«, der »größte Unsinn«, es ist »eine Schande« nicht zu beanstanden.«

6 Der Wandel von Thomas Stil und politischer Auffassung wird zum Beispiel aus einem Plakat »Zeichnet die Kriegsanleihe!« deutlich, auf dem Thoma – dem 10 Jahre vorher die Reden Pastor Bohns auf dem Kölner Sittlichkeitskongreß zu schwülstig waren – gegen Ende des ersten Weltkrieges folgenden (hier auszugsweise wiedergegebenen), in seinem unglaubwürdigen Pathos an die Parolen der Nationalsozialisten erinnernden Aufruf publizierte:

»Deutsche Landsleute! Umringt von Vernichtung, von allen Schrecken des Kriegs, ja mitten in einer Hölle, die dieser Weltbrand aufgetan hat, liegt unser Vaterland wie eine stille Insel. – Müde von der Arbeit, und doch ruhig die Pflicht des kommenden Tages überdenkend, kehren die Menschen heim, strecken sich nieder unterm sichern Dach und wissen, daß kein Schrecken den Schlaf von ihnen scheuchen wird. Was gibt ihnen die Sicherheit, die keine Furcht aufkommen läßt? Was anders, als die Gewißheit, daß weit draußen die deutschen Männer eine Mauer bilden, so hoch, daß kein Grauen darüber hinweg dringen kann, so unerschütterlich fest, daß kein Stein im Gefüge locker wird? – Spiegeln sich nicht die herrlichen Dome in unseren Flüssen, stolz ragend wie in alten Tagen? Steht nicht jeder edle Bau, den wir ehren, unberührt, unantastbar? Und war er den Vätern ein Zeuge kunstvollen Sinnes, uns ist er auch Zeuge des Heldenmutes und der Kraft unseres Volkes, das den wütenden Haß einer ganzen Welt von ihm ferne gehalten hat. – Hunderttausende starben, um es zu erhalten, Hunderttausende sterben, damit wir leben. – Und werdet durch die Sicherheit, die ihr genießt, die Andere euch erstreiten, nicht gleichgültig gegen die Gefahr! Sie pocht an unsere Tore und mahnt uns, wachsam zu bleiben und diese leichte Pflicht zu erfüllen, wenn Millionen unsrer Brüder vor der härtesten nicht zurückschrecken. – Nur wer für Alle und fürs Ganze sorgt, sorgt heute für sich und die Seinen. – Wer will Denen mißtrauen, die für ihn sterben? – Kommt, ist denn Einer unter uns, der nicht stolz wäre, daß sein geringes Können etwas bedeuten darf in dem Ungeheuren, das heute für Deutschland getan wird? – Uns hat das Schicksal in diese Zeit gestellt. Wir wollen ihrer würdig sein und den Nachkommen das Vaterland so erhalten, wie es unsere Vorfahren, deren Ausharren in viel größerer Not wir bewundern, erhalten haben. – Wir wollen Denen, die nach uns kommen, das Recht erwerben, auf uns stolz zu sein. – Ludwig Thoma.«

7 Diese und die in dieser Anmerkung folgenden Angaben verdanke ich Haußmanns Sohn, dem baden-württembergischen Justizminister a. D., Rechtsanwalt und Notar Dr. Wolfgang Haußmann, der mich bei der Sichtung des Haußmann-Archives und mit Angaben aus eigener Erinnerung bei meinen Erkundigungen nachhaltig unterstützt hat:

Conrad Haußmann wurde 1857 geboren; sein Vater Julius hatte nach 1849 mehrere Jahre in Hohenasperg verbüßen müssen. Conrad und sein Zwillingsbruder Friedrich ließen sich 1883 in Stuttgart als Anwälte nieder. 1889 wurde Haußmann in den Württembergischen Landtag, 1890 in den Deutschen Reichstag gewählt. 1918 war er unter Reichskanzler Max von Baden Staatssekretär und nach dem Zusammenbruch 1918 Landesvorsitzender der Deutschen Demokratischen Partei Württemberg; 1919 wurde er Vizepräsident der verfassunggebenden Deutschen Nationalversammlung und hat in seiner weithin bekanntgewordenen Schlußansprache den Namen »Weimarer Verfassung« geboren. Er ist am 11. Februar 1922 gestorben.

8 Die Strafprozesse, in die Thoma und der »Simplicissimus« offenbar schon vor 1905 verwickelt waren, harren noch der publizistischen Darstellung. Ich habe bei Durchsicht der Archivunterlagen zufällig einiges nebenbei entdeckt, zum Beispiel ein Urteil des Reichsgerichts vom 14. Mai 1906 (1 D 161/06 = VIII 1796/06). »Das Urteil des Schwurgerichts bei dem Königlich Bayerischen Landgerichte München I vom 13. Januar 1906 wird, soweit es auf Unbrauchbarmachung der Druckschriften des Flugblattes ›fort mit der Liebe‹ usw. und der zu ihrer Herstellung bestimmten Platten und Formen lautet, nebst den ihm in dieser Richtung zugrundeliegenden Feststellungen aufgehoben; die Sache wird in diesem Umfang zur anderweiten Verhandlung und Entscheidung an die Vorinstanz, und zwar an die Strafkammer des Königlichen Landgerichts München I zurückverwiesen.« Es handelt sich um ein »Flugblatt des Simplicissimus, fort mit der Liebe!! Ein Notschrei!!! Den Sittlichkeitsaposteln ergebenst unterbreitet von Ludwig Thoma und Olaf Gulbransson.« – Weiter findet sich im Hauptstaatsarchiv Stuttgart eine Anklageschrift gegen Linnekogel und Thoma vom 7. März 1906 (D. S. 1840/05 = J. No. 11045/05) wegen einer Veröffentlichung in Nr. 37 des »Simplicissimus« vom 11. Dezember 1905, in der den württembergischen Richtern in einem Gedicht »Einst und Jetzt« unter anderem eine hündische Gesinnung unterstellt wird. – Von besonderer Brisanz war ein Prozeß gegen den »Simplicissimus«, der die sächsische Justiz betrifft. Er ist auf Seite 123 ff. dieses Buches ausführlicher dargestellt. – Eine Depesche vom 27. März 1905 im »Vorwärts« berichtet von einem weiteren Prozeß gegen T. und Linnekogel wegen der Satire »Staatshoheit« im »Simplicissimus« vom 15. März. Ergebnis: Freispruch. Ein weiterer Prozeß wird dort für 10. April angekündigt. Außerdem ist in den Berichten immer von einer Schwurgerichtsverhandlung gegen den »Simplicissimus« die Rede, die im März 1905 »wegen Majestätsbeleidigung aus Anlaß der Montignoso-Affäre« zur Verhandlung gekommen war.

9 Unsere Darstellung ist eine Zusammenfassung der in der

Regel ziemlich übereinstimmenden Prozeßberichte folgender Blätter: »Der Beobachter« (Parteiblatt der Liberaldemokraten; ihm kommt besondere Bedeutung zu, weil Conrad Haußmann, der Verteidiger Thomas, zugleich der maßgebende Mann dieses Blattes war), »Deutsche Zeitung«, »Münchner Neueste Nachrichten«, »Neues Tagblatt«, »Schwäbische Chronik«, »Schwäbischer Merkur«, »Schwäbische Tagwacht«, »Stuttgarter Morgenpost«.

10 Carl Hilty (1833–1909), Rechtsanwalt, dann Strafrechtslehrer in Bern, Chef der Schweizer Militärjustiz, Mitglied des Nationalrates und des Haager Schiedshofes. Seine Evangelisationsarbeit zeichnen Bibelkenntnis und umfassende Literaturkenntnis aus.

11 Justizrat Dr. jur. Max Bernstein, geboren am 15. Mai 1854 in Fürth, gestorben am 8. März 1925 in München. Dr. Bernstein war zu seiner Zeit ein recht bekannter Kritiker und Schriftsteller.

12 Avenarius' Äußerungen im »Kunstwart« sind oben S. 21 ff. abgedruckt. – Otto von Leixner-Grünberg aus Mähren (1847 bis 1907), Schriftsteller, Leiter der »Deutschen Romanzeitung«; bekämpfte eifrig Schmutz und Schund in Kunst und Literatur (Verfasser einer »Geschichte der deutschen Literatur« und einer »Geschichte der fremden Literaturen«).

13 Lex Heinze: Bezeichnung für die anläßlich eines Falles »Heinze« notwendig gewordene Verschärfung der Strafgesetze für Delikte »wider die Sittlichkeit«, vor allem die Kuppelei, im Änderungsgesetz vom 25. Juni 1900 (Reichsgesetzblatt S. 301 ff.).

14 In Wirklichkeit hatte Conrad Haußmann eine etwas differenziertere Meinung über den »Simplicissimus«. In einem Leitartikel der Frankfurter Zeitung (28. April 1908) »Satire und Simplizissimus« schreibt er: »Ich bin der letzte, der den Satz aufstellen möchte, der ›Simplizissimus‹ habe noch nie danebengehauen. Im Gegenteil. In Wort und Bild, in Stoff und Ton hat er nicht selten die Schranken übersprungen, die nicht der prüde, sondern der freie Geschmack der öffentlichen Satire zieht. Aber das ist mit der Gattung und den menschlichen Unvollkommenheiten unvermeidlich verbunden. Die Satire ist ihrem Wesen nach frech, respektlos, gassenjungenartig. Wer das nicht versteht, mit dem ist nicht zu rechten. Eine Satire in Gehrock oder in weißer Binde

oder in Uniform – das ist eine Vogelscheuche und hat ihren Beruf verfehlt ...

Wer bestreitet, daß in dem Münchener Witzblatt schon Witze gekommen sind, die mehr sagten als hundert Leitartikel? Wer versteht nicht, daß das Blatt nur deshalb zu einer großen Macht wurde, weil ›Simplizissimus‹-Stimmung in Deutschland vorhanden ist, wie latente Elektrizität und sich in den karikierenden Bildern künstlerisch, zumeist wirklich künstlerisch entlädt? Nichts ist blöder und unwissender, als die Zeichnungen von Thöny, Th. Th. Heine, Wilke, Schulze, Reznicek, Gulbransson, Schulz, Sieck und von anderen – für »Zuhälterkunst« zu erklären! Die deutsche Kunstgeschichte wird von dieser Kunst als einer Kundgebung bedeutender Talente respektvoll Akt nehmen und die Berliner Nationalgalerie kauft die Karikaturen als künstlerisch wertvoll an – wenigstens wenn Oppositionsführer und Ausländer karikiert werden ... Ein Volk und eine Gesellschaft, die eine scharfe Satire nicht erzeugt und nicht erträgt, ist geistig arm und neurasthenisch.«

15 § 268 Strafprozeßordnung lautete damals so ähnlich wie heute: »Die Verkündung des Urteils erfolgt durch Verlesung der Urteilsformel und Eröffnung der Urteilsgründe am Schluß der Verhandlung oder spätestens mit Ablauf einer Woche nach dem Schluß der Verhandlung ...« § 275 hieß damals: »Das Urteil mit den Gründen ist in einer Woche nach Verkündung zu den Akten zu nehmen ...«

16 König war damals der sehr beliebte Wilhelm II. (1848–1921). Was die Einleitungsformel betrifft, besagt § 92 der Verfassung des Königreichs Württemberg vom 25. September 1819: »Die Gerichtsbarkeit wird im Namen des Königs und unter dessen Oberaufsicht durch collegialisch gebildete Gerichte in gesetzlicher Instanzen-Ordnung verwaltet.« Daran hat auch die Gründung des Deutschen Reichs 1871 nichts geändert. Auch das Begnadigungsrecht blieb beim König (§ 97 der württembergischen Verfassung).

Dieser föderalistische Zug in der Geschichte der deutschen Verfassungen ist heute noch spürbar; die Länder der Bundesrepublik Deutschland führen die Bundesgesetze als eigene Angelegenheiten aus (Art. 83 Grundgesetz). Die Ausübung der staatlichen Befugnisse und die Erfüllung der staatlichen Aufgaben ist Sache der Länder (Art. 30 Grundgesetz). Die Justizhoheit liegt nach wie vor bei den Ländern.

Das Begnadigungsrecht steht dem Bund lediglich in den wenigen Sachen zu, in denen im ersten Rechtszug in Ausübung der Gerichtsbarkeit des Bundes entschieden worden ist (z. B. Hochverratssachen). In allen anderen Sachen steht es den Ländern zu (§ 452 Strafprozeßordnung), und zwar dem jeweiligen Ministerpräsidenten (vgl. dazu für Bayern Art. 47 der Bayerischen Verfassung von 1946, für Baden-Württemberg die Anordnung des Ministerpräsidenten über die Ausübung des Gnadenrechts vom 8. 12. 1970).

17 Warum das Gericht Thoma als »früheren« Rechtsanwalt bezeichnet, bleibt unerklärlich. T. hat die zweite (große) Prüfung für den höheren Justiz- und Verwaltungsdienst in Bayern 1893 abgelegt, und zwar bekam er die Platzziffer 176 von insgesamt 303 Teilnehmern und erzielte die Note II. Am 11. August 1894 wurde er durch Bescheid des Königlichen Staatsministeriums der Justiz zur Rechtsanwaltschaft beim Landgericht München I zugelassen und am 20. August desselben Jahres in die Rechtsanwaltsliste dieses Gerichtes eingetragen. Bereits am 4. Oktober 1894 wurde T. zur Rechtsanwaltschaft bei dem Amtsgericht Dachau zugelassen, weil er inzwischen die Zulassung beim Landgericht München I aufgegeben hatte. Am 23. März 1897 erhielt er gegen Aufgabe seiner bisherigen Zulassung die Zulassung bei dem Landgericht München II. Erst am 3. Juli 1919 wurde T. wegen Aufgabe der Zulassung in der Liste der beim Landgericht München II zugelassenen Rechtsanwälte gelöscht.

Diese Angaben verdanke ich einer freundlichen Spezialauskunft des Bayerischen Staatsministeriums der Justiz, bei dem die Personalakten Ludwig Thomas liegen. Danach galt T. auch »allgemein als sehr befähigter Rechtsanwalt, der sich auch für die Stelle eines Staatsanwalts eignen würde«. Eine recht informative Zusammenfassung aus Ts. Personalakten bringt Karl Gelbert in der »Juristen-Zeitung« 1970, S. 500.

18 Über Landgerichtsdirektor Kohlhund, Landgerichtsrat Kreuser und Staatsanwalt Glöggler konnte ich keine näheren Personalangaben finden. Kohlhund soll, so berichtet der »Beobachter« 1906 in seiner Urteilskritik, bei einer früheren Landtagswahl als Kandidat des Zentrums aufgestellt worden sein.

Adolf Ferdinand Wilhelm Kleinmann ist der »Berichterstatter« (= B. E.), d. h. er hat die Akten besonders gründlich studiert und bei der Beratung des Gerichtes Vortrag gehalten und außerdem auch den Urteilstext entworfen, der dann nach Beratung durch das Gericht formuliert und unterschrieben wurde. K. ist am 19. 9. 1861 zu Öhringen geboren; sein Vater war der Landgerichtsrat Ernst Kleinmann in Ellwangen. Die Personalakten vermerken weiter: evangelisch, ledig, Studium an den Universitäten Tübingen, Berlin und Leipzig, bestand die Zweite höhere Justizdienstprüfung 1884 mit der Note 3a. Sekondelieutenant der Reserve im Grenadierregiment König Karl in Ulm. (»Nationalliste« vom Januar 1893, Hauptstaatsarchiv Stuttgart, Bestand E 302 Bü 1176.)

Alfred Rammenstein, geboren am 2. 2. 1866 zu Bernhausen, evangelisch, Vater zweier Töchter, Studium in Tübingen und Berlin, höhere juristische Dienstprüfung 1894, Note IIb, militärfrei. (»Nationalliste« vom 9. 1. 1899, Hauptstaatsarchiv Stuttgart, Bestand E 302, Bü 1177.)

Hermann Fromm, geboren 20. 1. 1867 in Galveston in Texas, Kaufmannssohn, evangelisch, ledig, Studium in Tübingen und Berlin, II. juristische Dienstprüfung 1894 mit der Note IIIa, Vizefeldwebel der Landwehr. (»Nationalliste« vom 1. Januar 1900, Hauptstaatsarchiv Stuttgart, Bestand E 302.)

19 Pfarrer Lizentiat Friedrich Weber hatte durch seinen Übereifer verschiedentlich Anstoß erregt. 1893 wurde gegen ihn wegen Beleidigung des Fürst-Bischöflichen Generalvikariatamtes zu Breslau eine Untersuchung eingeleitet. Erst nachdem ein Widerruf in der »Neuen Preußischen Zeitung« von ihm erschienen war, wurde der Strafantrag zurückgezogen. Bei den Akten des Evangelischen Oberkirchenrates in Berlin liegt noch eine Begutachtung Webers durch das Königliche Konsistorium der Rheinprovinz vom 17. September 1900. Darin wird die Verleihung einer Ordensauszeichnung an den »begabten und überaus eifrigen Geistlichen« abgelehnt. In früheren Jahren habe »das oft übereifrige Auftreten des Weber und seine Tätigkeit auf dem sozialen und sozialpolitischen Gebiete zuweilen zu Bedenken Veranlassung gegeben . . .«

Pfarrer Wilhelm Philipps, geb. 11. Dezember 1859 in Berlin-Schöneberg, ab 1884 im Dienst der Inneren Mission und Hilfsprediger in Greifswald, 1886 Inspektor bei der Berliner Stadtmission, 1889 Agent des Männerbundes zur Bekämpfung der Unsittlichkeit, 1890 Hausgeistlicher des Evangelischen Vereinshauses, 1892 Vorsteher des Johannes-Stifts in Spandau, 1912 bis 1917 ohne festes Amt im öffentlichen Leben kirchenpolitisch und in der Inneren Mission tätig, 1917 bis 1921 ehrenamtlicher Vorsitzender und Leiter des Vereins für Berliner Stadtmission.

Friedrich Bohn, geb. 14. März 1870 in Teterow (in Mecklenburg), Sohn eines Lehrers, nach Ablegung der theologischen Prüfungen Vikar in Ispringen (bei Pforzheim), 1897 Militärdienst in Erlangen, bis 1900 Hauslehrer, dann alttestamentliche und orientalische Studien zwecks Promotion als Lizentiat in Berlin, 1903 Hilfsprediger im Bethlehem-Stift in Ludwigslust in Mecklenburg, ab 1904 Generalsekretär des deutschen Sittlichkeitsvereins, ging 1935 in Pension, gest. 16. Februar 1946. – Familienverhältnisse: 1904 Eheschließung mit Käthe Hopfmüller, Tochter des Kirchenrates und Dekans in Sulzbach (Oberpfalz), Sohn Wolfgang geboren 1905, Tochter Käte geboren 1907; nach dem Tod seiner ersten Frau (1907) heiratete er 1911 Hanna Kappler, die Tochter des Stadtpfarrers in Pforzheim.

20 Die im Urteil verschiedentlich genannten »Anlagen der V. U. (= Voruntersuchung)« sind (wie die Prozeßakten selbst) im Zweiten Weltkrieg durch »Luftkriegseinwirkung« verlorengegangen.

21 Wie sehr jedes einzelne Wort jenes Gedichtes in der damaligen publizistischen Diskussion kommentiert wurde, zeigt unter anderem ein »Leserbrief« in »Der Beobachter« vom 21. Juni 1905: »Es ist erstaunlich, daß das Berliner Konsistorium und die Stuttgarter Anklagebehörde die Redakteure eines Witzblattes verfolgt wegen Ausdrücken, welche der höchste Reichsbeamte in Vertretung der Reichsgewalt vor versammeltem Reichstag salonfähig gemacht hat. Fürst Bülow hat von dem Kaninchenvermehrungstrieb der Polen gesprochen, worüber die polnische Fraktion im Reichstag interpelliert hat. Ist die Konstatierung dieser Neigung gegenüber den Orthodoxen strafbar, so hat Bülow, solange er Graf war, unsere polnischen Mitbürger strafbar beleidigt; hat aber ein Reichskanzler das Recht, solche Bilder anzuwenden, so wäre es ein schmerzlicher Stoß für das Rechtsbewußtsein, wenn wegen des gleichen Witzes die Redakteure eines Witzblattes eingesperrt würden.«

22 Die auch heute noch aktuelle und immer noch nicht völlig

geklärte Frage, wieweit auch Scherz und Satire strafbare Beleidigungen sein können, beschäftigte das Reichsgericht schon sehr früh. Bereits im Urteil vom 13. April 1885 (Entscheidungssammlung Band 12, 140) heißt es: »... der Umstand, daß eine Handlung im Scherze geschehen, schließt nicht unter allen Umständen das Vorhandensein einer Beleidigung, insbesondere nicht notwendig das Bewußtsein des Täters aus, daß der durch den Scherz Betroffene sich gleichwohl an der Ehre gekränkt fühlen könne, oder daß die Umstände des Falles den Scherz selbst als einen unstatthaften, die Ehre des anderen verletztenden erscheinen lassen. Daher muß, wenn von dem der Beleidigung Angeklagten der Einwand des Scherzes erhoben wird, unter Berücksichtigung der Beschaffenheit der inkriminierten Handlung, der Umstände, unter welchen sie erfolgt ist, und des persönlichen Verhältnisses der Beteiligten geprüft werden, ob der Täter darauf rechnen konnte, daß der andere, mit dem er sich den ›Scherz‹ machte, den Vorgang als einen Scherz auffassen werde; nur wenn er gegründete Veranlassung zu dieser Annahme hatte, kann ihm geglaubt werden, daß ihm das Bewußtsein der Widerrechtlichkeit fehlte.« Die Freisprechung des Angeklagten wird in diesem Fall dann damit gebilligt, »daß dem Angeklagten das ein Requisit des Vergehens der Beleidigung bildende Bewußtsein der Ehrenkränkung gefehlt habe«.

Ähnlich entschied das Reichsgericht in einem Urteil vom 12. Oktober 1911 (»Juristische Wochenschrift« 1912, 417), auch während der Weimarer Republik, Urteil vom 12. November 1923 (»Juristische Wochenschrift« 1924, 1526).

Am 5. Juni 1928 (Entscheidungssammlung Band 62, 183), hat sich das Reichsgericht erneut grundsätzlich zu diesem Problem geäußert und versucht, zu verläßlichen Definitionen zu kommen: »Es ist der Satire wesenseigen, daß sie, mehr oder weniger stark, übertreibt, das heißt dem Gedanken, den sie ausdrücken will, einen scheinbaren Inhalt gibt, der über den wirklich gemeinten hinausgeht, jedoch in einer Weise, daß der des Wesens der Satire kundige Leser oder Beschauer den geäußerten Inhalt auf den ihm entweder bekannten oder erkennbaren, tatsächlich gemeinten Gehalt zurückzuführen vermag, also erkennt, daß tatsächlich nicht mehr als dieser geringere Inhalt gemeint ist. Die Satire und die Karrikatur ziehen oft, wenn sie Mißstände rügen oder geißeln wollen, in jener übertreibenden, verzerrenden Weise die letzten Folgerungen aus dem Bestehen des Mißstandes, um diesen, mag er selbst auch keineswegs in einer so starken Form aufgetreten sein, recht handgreiflich und darum eindrucksvoll als solchen zu kennzeichnen. Daraus folgt, daß eine satirische Darstellung nicht nach ihrem Wortsinn genommen werden, sondern erst des in Wort und Bild gewählten satirischen Gewandes entkleidet werden muß, bevor beurteilt werden kann, ob das, was in dieser Form ausgesprochen und dargestellt ist, den Tatbestand einer strafbaren Handlung, im besonderen einer Beleidigung ... enthält ... Wiederholt hat das Reichsgericht ausgesprochen, daß die Satire – ebenso wie der Scherz –, wenn sie sich bestimmte Personen zum Ziele nimmt, dann keine strafbare Beleidigung bilde, wenn der Täter der festen Überzeugung ist, seine Äußerungen würden von dem anderen Teil als Satire (Scherz) aufgefaßt werden, und der andere sei damit einverstanden ... Bei der Beurteilung der Frage, ob die satirische Darstellung nach ihrem Inhalt oder nach der gewählten Form den Tatbestand einer strafbaren Beleidigung enthält, kann neben anderen Umständen möglicherweise auch die Art der Persönlichkeit des Täters von Bedeutung sein.«

23 § 193 Strafgesetzbuch, der zentrale Paragraph für den Rechtfertigungsgrund »Wahrnehmung berechtigter Interessen«, lautet:

»Tadelnde Urteile über wissenschaftliche, künstlerische oder gewerbliche Leistungen, ingleichen Äußerungen, welche zur Ausführung oder Verteidigung von Rechten oder zur Wahrnehmung berechtigter Interessen gemacht werden, sowie Vorhaltungen und Rügen der Vorgesetzten gegen ihre Untergebenen, dienstliche Anzeigen oder Urteile von seiten eines Beamten und ähnliche Fälle sind nur insofern strafbar, als das Vorhandensein einer Beleidigung aus der Form der Äußerung oder aus den Umständen, unter welchen sie geschehen, hervorgeht«.

24 § 194 Strafgesetzbuch: »Die Beleidigung wird nur auf Antrag verfolgt ...«

25 Diese Fundstelle ist im Urteilstext verschrieben, richtig: Band XII Seite 327 (nicht: 307): Diese Entscheidung behandelt eine hier nicht bedeutsame Frage der Bevollmächtigung zur Strafantragserteilung.

26 Auch dieses Zitat ist mit einer falschen Fundstelle angegeben. Band XXIX Seite 214 (nicht: 204) enthält die hier gemeinte Entscheidung des I. Strafsenats des Reichsgerichts vom 28. November 1896:

»Die Frage, wer als amtlicher Vorgesetzter des unmittelbar Beteiligten anzusehen ist, hat nach den Grundsätzen des Reichsrechtes und des Staatsrechtes der einzelnen Bundesstaaten ihre Entscheidung zu finden. Denn wenn das Strafgesetzbuch bei Beleidigungen im Sinne des § 196 den amtlichen Vorgesetzten das Recht zum Strafantrag beilegt, so war es nicht seine Aufgabe, in den Behördenorganismus des Reiches und der Bundesstaaten ... einzugreifen und Normen über die Ausübung der Antragsbefugnis durch die in der Behördenorganisation ... einander über- oder untergeordneten Beamten ... zu treffen. Somit können die einzelnen Bundesstaaten hinsichtlich der Ausübung des durch § 196 den amtlichen Vorgesetzten eingeräumten Rechtes zur Antragsstellung bestimmen, durch welche amtlichen Vorgesetzten in der Reihe der einander über- oder nebengeordneten Beamten ... die den amtlichen Vorgesetzten zugesprochene Antragsbefugnis ausgeübt werden soll. Immerhin bleibt aber nach dem in dieser Hinsicht bestimmt lautenden und jede Beschränkung der Berechtigung ausschließenden Inhalt des § 196 St. G. B.'s ein jeder der amtlichen Vorgesetzten, sowohl der unmittelbar wie der mittelbar Vorgesetzte, der über die ganze Berufsthätigkeit gesetzte hinsichtlich des gesamten Umfanges derselben wie der über einen Teil gesetzte innerhalb dieses Teiles, antragsberechtigt. Diese im Reichsstrafrecht ihm eingeräumte Befugnis kann ihm durch partikuläre Rechtsbestimmungen nicht genommen werden und noch weniger durch Verfügungen der Behörden.«

27 In diesem Urteil entschied der II. Strafsenat des Reichsgerichts am 6. März 1894 den Fall einer gröblichen Beleidigung von Reserveoffizieren. Zu der hier wichtigen Frage, ob man zwischen Privatleben und Berufsleben unterscheiden dürfe, sagt das Reichsgericht:

»Die Feststellung, der Angeklagte habe nur getadelt, daß die von ihm angegriffene Spezies von Reserveoffizieren, weil sie diese Stellung bekleideten, im bürgerlichen Leben rücksichtslos in erster Linie ihre Eigenschaft als Reserveoffizier herauskehrten, läßt unzweideutig erkennen, daß nach der Auffassung des Vorderrichters der beleidigende Angriff gegen die im bürgerlichen Leben angeblich ungebührlich geltend gemachte Berufsstellung des Reserveoffizieres gerichtet ist. Damit ist aber die Beziehung der Beleidigung auf den dienstlichen Beruf im Sinne des § 196 St. G. B.'s gegeben. Da das Gesetz die Beziehung, welche zwischen der Beleidigung und dem Berufe erfordert wird, nicht näher bezeichnet, so muß *jede* Beziehung als ausreichend und die Art der Beziehung als rechtlich bedeutungslos erachtet werden.«

28 An sich müßte es hier »VII« heißen. Aber schon das Original enthält dieses Versehen. Weitere Ungenauigkeiten sollen hier nicht angemerkt werden, nur noch »gottesseliges Sündenpflaster« statt richtig »jammerseliges Sündenpflaster« in der dreizehntletzten Zeile des Urteilsbegründungsabsatzes VI. (Vgl. S. 81 Zeile 26)

29 Dieses Urteil des Reichsgerichts vom 24. September 1886 sagt dazu:

»Nach § 200 Abs. 1 Satz 2 St.G.B.'s hat das Urteil die Art der Bekanntmachung der Verurteilung wegen der öffentlich begangenen Beleidigung zu bestimmen. Nach Abs. 2 muß auf Antrag des Beleidigten im Falle des Abs. 2 die Bekanntmachung durch die öffentlichen Blätter, wenn möglich durch dasselbe Blatt, in welchem die Beleidigung verübt wurde, erfolgen. Damit ist die aus dem Satz 2 hervorgehende Befugnis des Gerichtes, die Bekanntmachung auch noch durch ein anderes Blatt als die Zeitung, in welcher die Beleidigung verübt, zuzulassen, offensichtlich nicht beschränkt ...«

30 § 41 Strafgesetzbuch lautete damals: »Wenn der Inhalt einer Schrift, Abbildung oder Darstellung strafbar ist, so ist im Urteile auszusprechen, daß alle Exemplare, sowie die zur Herstellung bestimmten Platten und Formen unbrauchbar zu machen sind ...«

31 Diese Bestimmungen besagen lediglich, daß der Verlierer die Kosten des Verfahrens zahlen muß.

32 Dieser Brief ist abgedruckt in der »Schwäbischen Tagwacht« (Stuttgart) vom 29. Juni 1905, und zwar mit der Einleitungszeile: »Aus Kunst, Wissenschaft und Leben. Ein Brief Ludwig Thomas. Die »M.N.N.« erhielten vorgestern von Ludwig Thoma folgende Zuschrift mit der Bitte um Veröffentlichung: ...«

33 Die Geschichte mit der Sulzbacher Kalenderverlegerstochter und, was T. sonst hier noch alles über Bohn erzählt, ist völlig unzutreffend. Statt kokett zu sagen: »Ich brauche es ja auch nicht zu wissen«, hätte er, wenn er sich schon nicht erkundigen wollte, besser geschwiegen. Die Erkundigung ist aber heute noch recht einfach: Der in München lebende Sohn Dr. Wolfgang Bohn hat mir anhand der Familienpapiere die beruflichen und familiären Lebensdaten seines Vaters dargelegt (siehe Anmerkung 19) und mir durch zeitgenössische Unterlagen klargemacht, daß der Bohn, den T. seinen Lesern vorstellte, nie existiert hat. Der wirkliche Bohn hat sich der von der Gesellschaft dem moralischen und wirtschaftlichen Elend Überlassenen aufopfernd angenommen. Von Pharisäerei oder moralischer Doppelbodigkeit findet sich bei ihm keine Spur. Was T. später in seiner »Moral« an scheinheiligen Kleinstadtspießern vorführt, hat mit Bild und Wesen des Lizentiaten Bohn nichts gemeinsam.

34 Zu dieser Urkunde gab mir das Zentrale Staatsarchiv dankenswerterweise noch folgende Auskunft: »Die Ihnen als Filmkopie übersandte handschriftliche Urteilsabschrift ist isoliert überliefert und befindet sich in der vom Reichsgericht angelegten Urteilssammlung. Eine Beglaubigung dieser Urteilsabschrift ist nicht vorhanden. Da das Reichsgericht die Akten der Revisionssache Thoma mit Ausnahme des Urteils kassiert hat, sind weitere Unterlagen (insbesondere Protokoll der Hauptverhandlung, Revisionsbegründung der Verteidigung, Stellungnahme des Oberreichsanwalts zur Revisionsbegründung u. dgl.) aus dem Revisionsverfahren Thoma nicht mehr vorhanden. Aus der erwähnten Aktenkassation des Reichsgerichts kann geschlußfolgert werden, daß im Hinblick auf die zur Urteilssammlung des Reichsgerichts genommene Urteilsabschrift auch das Original des Urteils kassiert worden ist.« (Brief v. 11. 4. 77)

35 Bemerkenswerterweise hat das Reichsgericht nicht etwa »Im Namen Seiner Majestät des Kaisers« entschieden, so wie die Gerichte der deutschen Bundesstaaten jeweils im Namen ihres Fürsten (»Im Namen des Königs« usw.) urteilten. Das Reich ist ja immerhin das Bündnis der souveränen Fürsten; man brauchte von »Im Namen des Reichs« nicht zu fürchten, daß darin etwa eine Rechtsprechungsgewalt des Kaisers beansprucht werde; diese war ja nach dem föderativen

Aufbau des Reiches bei den souverän gebliebenen Landesfürsten verblieben. Lediglich die Gesetzgebungskompetenz war (in gewissem Umfang) auf das Reich übergegangen. Daher bestimmt die »Geschäftsordnung des Reichsgerichts« vom 8. April 1880 (mit ausdrücklicher »Bestätigung« des Reichsrates) in § 17: »Urtheile sind mit der Eingangsformel: »Im Namen des Reichs« und mit der Schlußformel: »Von Rechts Wegen« zu versehen. (Centralblatt für das Deutsche Reich, 1880, S. 193).

36 Näheres zur Person der im folgenden genannten Richter, den Reichsanwalt und den Gerichtsschreiber habe ich nicht festgestellt.

37 Diese Bestimmung lautete damals: »Die Einstellung des Verfahrens ist auszusprechen, wenn bei einer nur auf Antrag zu verfolgenden strafbaren Handlung sich ergibt, daß der erforderliche Strafantrag nicht vorliegt, oder wenn der Antrag rechtzeitig zurückgenommen ist.«

38 Siehe Anmerkung 27.

39 Diese Bestimmung lautete damals: »Wird der Angeklagte verurteilt, so müssen die Urteilsgründe die für erwiesen erachteten Tatsachen angeben, in welchen die gesetzlichen Merkmale der strafbaren Handlung gefunden werden . . .«

40 § 18 Strafgesetzbuch lautete damals: »Der Höchstbetrag der Haft ist 6 Wochen, ihr Mindestbetrag ein Tag. Die Strafe der Haft besteht in einfacher Freiheitsentziehung.«

41 Diese Bestimmung sagt lediglich, daß die allgemeine Rüge »Verletzung einer Rechtsnorm« genügt, um das Revisionsgericht zu verpflichten, alle materiell rechtlichen und den Angeklagten benachteiligenden Fehler des angefochtenen Urteils zu korrigieren, auch wenn sie in der Revisionsbegründung nicht im einzelnen genannt und erläutert sind.

42 Diese Vorschrift lautet: »Die Revision kann nur darauf gestützt werden, daß das Urteil auf einer Verletzung des Gesetzes beruhe.« An die tatsächlichen Feststellungen des Ausgangsgerichtes ist das Revisionsgericht gebunden, es kann nicht selbst solche Tatsachen feststellen.

43 § 505 Abs. 1 Satz 1 Strafprozeßordnung lautete damals: »Die Kosten eines zurückgenommenen oder erfolglos eingelegten Rechtsmittels treffen den, der es eingelegt hat.«

44 Die Doktorarbeiten werden von den deutschen Universitäten folgendermaßen bewertet:
summa cum laude (mit größtem Lob)

magna cum laude	(mit großem Lob)
cum laude	(lobenswert)
rite	(ausreichend).

45 Kopien dieses sonst offenbar nirgendwo mehr vorhandenen Publikationsorganes verdanke ich der freundlichen Mithilfe der Referenten der Universitätsbibliothek in Tübingen. Es handelt sich um die »Beobachter«-Ausgaben vom 25. Mai, 19., 20., 21., 27., 29. Juni 1905 und vom 10. Februar 1906.

46 »Theis« (so steht es in dem mit Schreibmaschine geschriebenen Original) ist ein schwer erklärbarer Schreibfehler für »Der heilige Hies«, eine Geschichte, die T. im Dezember 1903 geschrieben hat. Auch sonst scheint Bs. Brief ein wenig oberflächlich; er spricht von 6 Monaten Gefängnis, statt von 6 Wochen. Es wird sich kaum ein zweiter Nobelpreisträger finden, der jenes »Simplicissimus«-Gedicht des »jungen deutschen Genies« Thomas als »vortrefflich . . . durch seine brillante Form« qualifiziert.

47 Neben dem »Beobachter« bringt über diesen für die damaligen Auffassungen besonders aufschlußreichen Prozeß auch die französische Zeitschrift »Gil Blas« am 22. April 1905 einen (recht wenig deutschfreundlichen) längeren Artikel: »Prince Russe et portier Saxon.«

Personen- und Sachregister

Die Zahlen verweisen auf die Seiten, auf denen zu dem jeweiligen Stichwort etwas zu finden ist. Vornamen sind nur genannt, soweit Verwechslungen eintreten könnten.

Anklageschrift 28 ff.
Approbation zum Dr. jur. 106
Außerverfolgungsetzung bezüglich Religionsvergehen 34 f.
Avenarius 21, 23, 54

Bartelsperger 106
Becker 11
Behringer 94
Bernhardi 94
Bernstein 33, 150
– als Sachverständiger 48 f.
Bibel 26, 33
Bibelbeschimpfung 31
  Rechtsprechung über – 146
Biographische Daten Thomas 131 ff.
Björnson 115
Bohn, Friedrich 29, 46, 71, 159
– Kritik durch Haußmann 56
– wird von Thoma im Schlußwort kritisiert 60
– unrichtige Mitteilung seiner Familienverhältnisse durch Thoma 88 f.
– Provokation durch Albert Langen im »Simplicissimus« 90 f.
– im Reichsgerichtsurteil 96
– biographische Daten 154
Bohn, Wolfgang 39, 91, 159

Dietz 94
Doktorarbeit Thomas, kurze Inhaltsangabe 109
Doktortitel 9, 105 ff.

Fischer 65
Fluchtplan Thomas 118 f.
Fromm 66
– biographische Daten 153

Ganghofer als Sachverständiger 51 ff.
Gefängnisordnung, württembergische 114
Generalverteidigungs-Vollmacht für Haußmann 44
Glöggler 45, 66
– Anklagerede 53 f.
Gnadengesuch 115
Gönner 141
Gotteslästerung 17 (siehe »Bibelbeschimpfung«)
  Rechtsprechung über – 146
Gulbransson 14, 144
  kein Strafantrag gegen – 18 f.

Hauptverhandlung gegen Thoma 43 ff.
Haußmann, Conrad
– Verhältnis zu Thoma 36
– Grabrede für Thoma 42
– Verteidigungsrede 56 ff.
– als Justizrat Hauser in »Moral« 130
– biographische Daten 148 f.

– über den »Simplicissimus« 150 f.
Haußmann, Friedrich 43
– verteidigt Linnekogel im zweiten Prozeß 126
Haußmann, Wolfgang 88, 148
Heuel 28
Hilty 45, 51, 72, 150
Hollweck 141
Hötzel 13

Inaugural-Abhandlung 108
Internationaler Kongreß gegen die unsittliche Literatur 10

Kälber 66
Karneval in Köln 13
Kirchner 107
Kittler 89
Kleinmann 66
– biographische Daten 152 f.
Kohlhund 66
– biographische Daten 152
Konferenz der deutschen Sittlichkeitsvereine 10
Kraut 66
Kreuser 66
Kreittmayer 27
Kriegsanleihe 147
Kunstwart
– kritisiert Thoma 21 f.
– Thoma antwortet 23 f.
Kutschubey 124 f.

Langen, Dagny 88
Lebensdaten Thomas 133 ff.
Leixner 55, 150
Lemp 9, 131
Lex Heinze 52, 75, 150
Liebermann 8, 135
– Erbeinsetzung 42
Linnekogel 28
– zweiter Prozeß gegen –, wegen Beleidigung sächsischer Richter 126
Lizentiat 15, 144
Lueder 112
Luther 32

Marion 8, 121, 130, 133 f.
Menge 94
Micha 34
Miesbacher Anzeiger 8
Möller 124
Moos 28
»Moral«
– Entwürfe in Stadelheim 128 f.

Nahum 34
Neisse 94
Nothwehr, zur Lehre von der –, Dissertationsthema Thomas 109

Oberkonsistorium, bayerisches 29

Pape 33
Pelargus 94
Pflichtexemplar der Dissertationsschrift 109
Philipps 11, 71
– biographische Daten 153
Preyhs 84
Promotionsurkunde 106
Prozesse gegen Thoma und den »Simplicissimus« 149
Putlitz 115

Rammenstein 66
– biographische Daten 153
Religionsbeschimpfung 146

– Außerverfolgungsetzung Thomas bezüglich – 34 f.
– Rechtsprechung über – 146
Revisionsverhandlung beim Reichsgericht 85
– Bohn berichtet darüber 90
di Rigardo, Marietta 133
Roeren (bzw. Röhren) 73

Sächsische Justiz 123
Satire
– Wertung durch Landgericht Stuttgart 79
– Wertung durch Reichsgericht 101
– Rechtsprechung über – 155
Schmidt 94
Schulz, Maria 133
Schwenk 94
Soldatenbegeisterung Thomas 41
Simplicissimus 8, 14, 29
– kritische Würdigung des – 19
– Wertung des – durch den Staatsanwalt 55
– Wertung des – durch Haußmann 150
Sinogowitz 106
Sittlichkeitsvereine 10
Staatsprüfung Thomas 152
– Zeugnis über die – 110
Stadelheim 63, 121
– gute Behandlung Thomas in – 121
– Entlassung Thomas aus – 130
Stadelheimer Tagebuch 121
Stammbaum Thomas 138
Stock 94
Strafanträge des Oberkirchenrates 17
Strafaufschub 118

Taschner 64
Tuften 38
Tolstoi 59
Trinidad de la Rosa 133

Urteil
– des Landgerichts Stuttgart 66 ff.
– des Reichsgerichts 94 ff.

Verteidigungsrede (»Letztes Wort«) Thomas 59 f.
Vorfahren Thomas 137

Weber 11, 46, 71
– biographische Daten 153
Weegmann 11
Wurster 12

Zentrales Staatsarchiv in Potsdam 93, 159

Stadelheim 11. Nov. 06.

Lieber Nazi,

Zuerst meinen schönsten Dank für deine Pläne + Zeichnungen. Du glaubst mir nicht, wie viel Freude du mir damit gemacht hast und wie viele Stunden ich durch Planzeichnen + Luftschlösserbauen angenehm verbrachte.

Der Plan ist gut geeignet und wenn wir noch dies + das zusetzen, muß das später kommen werden.

Ich muß dir nun zuerst die Situation zeichnen, wie mein Anwesen liegt.

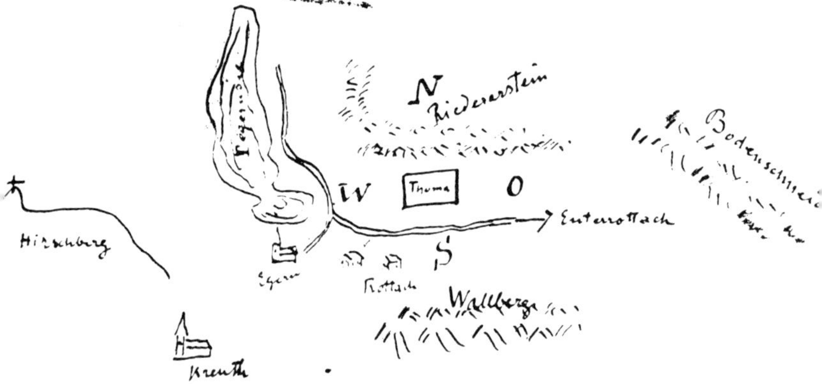

Ich habe also nach Süden den Wallberg, das Rottacher + Kreuther Tal, nach Westen den Tegernsee, nach Osten das Enterrottachertal, den Bodenschneid, Baumgarten u.s.w. Im Norden ist völlig geschützt durch die aufsteigenden Höhen und den Riederstein.

Als genaues lege ich dir auf Pauspapier gezeichnet den Grundriß des Hauses bei. Da habe ich zunächst manches zu fragen.

Ich sehe einen Maßstab 11 m. breit, 15 m. Länge. Ich komme mir etwas groß vor, und doch, wenn ich nur einen Meter abgrenze